OLIVIER JIMENEZ

# LE BONHEUR EST LÀ OÙ VOUS NE LE CHERCHEZ PAS

FIRST ÉDITIONS

W0334098

ISBN : 978-2-412-10023-3
Code éditeur : S10023/01
Dépôt légal : avril 2025
Imprimé en mars 2025 par Normandie Roto Impression s.a.s. (2501118)

Direction éditoriale : Marie-Anne Jost-Kotik
Responsable éditoriale : Aline Sibony
Édition : Anne Foubert
Création de couverture : AAAAA (www.aaaaa-atelier.org)
Mise en pages : Istria

Éditions First, un département d'Édi8
92, avenue de France
75013 Paris – France
Courriel : serviceclients@lisez.com
Site internet : www.lisez.com

## Sommaire

# Prologue

## Début du voyage...

Ça y est, j'y suis enfin. Assis devant mon clavier, j'écris les premières lignes d'un projet auquel je pense depuis toujours. Certaines choses dans la vie s'agrippent à nos entrailles et viennent nous fouetter l'esprit de temps en temps. Certains nomment ça « l'appel », d'autres parlent plutôt de mission de vie, d'aspiration… Peu importe les mots que l'on choisit, ce qui est sûr c'est qu'en même temps que j'écris ces premières lignes, je suis tiraillé entre l'excitation de répondre enfin à mes obligations profondes, et une peur vertigineuse de ne pas aller jusqu'au bout. Bon, j'ai aussi envie de dégommer le pot de glace menthe-chocolat avec une pointe de chantilly, mais ça, c'est juste à cause de l'utilisation du mot « fouetter » un peu plus haut…

J'ai toujours eu envie d'écrire. Les grandes questions étant : écrire quoi ? Pour qui ? Comment ? Difficile de répondre à ces questions quand l'expérience nous manque. Et puis, j'ai toujours eu cette envie d'aider les autres, de me sentir utile, reconnu. Mixez tout ça avec un bon gros sentiment d'illégitimité et une bonne dose de procrastination et vous obtiendrez un type qui a le projet d'écrire un livre et qui finit sa vie en cherchant toutes les excuses du monde pour ne pas l'avoir fait. Heureusement, ces quinze dernières années, je me suis mangé quelques baffes. Certaines ont été si sévères qu'il m'a fallu du temps pour m'en remettre, que j'ai été dans l'obligation de trouver des solutions ingénieuses, de devenir une personne plus résiliente, plus confiante. Le grand paradoxe de ces périodes difficiles de ma vie réside dans le fait qu'elles m'ont rendu à la fois plus fort et aussi plus fragile. Je sais, dit comme ça, on dirait une pub pour une marque de lessive... Quoi qu'il en soit, j'ai choisi de travailler sur moi, de me développer personnellement. Non pas seulement pour m'adapter aux obstacles que je traversais, mais aussi pour apprendre à vivre mieux, plus sereinement. Comprendre qui j'étais et quels étaient les mécanismes inconscients qui dirigeaient ma vie, mes pensées, mes émotions, mes comportements est devenu une sorte de priorité, de fil rouge... pour construire mon équilibre. Comme celles et ceux qui ont le moral aussi élevé que le mont Jing, dans la province de Shandong en Chine, qui, si vous ne le savez pas, est une des montagnes les plus petites du monde avec un total de 60 centimètres d'élévation[1] (j'ai passé beaucoup de temps à lire, parfois, pour tenter de trouver des réponses, d'autres fois par réconfort). Au début, je prenais tout ce qui venait, tout ce qui me donnait le sentiment d'aller mieux, qui pouvait me rassurer. Je peux vous dire, avec le recul, que j'ai lu un paquet de conneries ! Des trucs qui, sur le moment, m'ont donné le sentiment d'avoir compris, de détenir les clés d'une vie meilleure, d'être devenu imperméable à la souffrance et aux intempéries. Parfois, mon imagination manquait tellement d'humilité, qu'après avoir terminé un livre inspirant, je m'imaginais avec un niveau de sagesse aussi élevé que celui d'un lama... Jusqu'à ce qu'un huissier toque à la porte pour me rappeler à l'ordre, ou qu'un de mes enfants doive se faire hospitaliser (je vous raconterai tout ça dans les pages qui suivent...). Et là, c'est

1. Idéal pour celles et ceux qui veulent se vanter d'avoir gravi un sommet mais dont le niveau de flemme surpasse largement le PIB de la France...

double effet *Kiss Cool*[2] ! Non seulement on ressent la détresse de devoir faire face à une nouvelle épreuve, mais en outre, on ne comprend pas pourquoi on est dans cet état-là, alors qu'on vient quand même de finir un bouquin de 400 pages sur *Comment développer la résilience et vivre plus heureux* et qu'on s'est fait une cure de citations positives de plusieurs mois.

Bref, j'ai vite compris qu'il fallait que je plonge plus profondément dans les abysses du fonctionnement de l'être humain, de mon propre fonctionnement, afin de comprendre ce que signifie réellement la notion de bonheur, et ce qui nous permet ou non de nous sentir heureux. Je crois que c'est à partir de là que l'écriture de ce livre a finalement commencé.

L'expédition que je venais d'entamer, dans un premier temps, égoïstement, me permettrait à la fois de devenir la personne que je suis aujourd'hui, et aussi de faire grandir en moi cette volonté de partager avec vous mes découvertes, mes désillusions, mes progressions, mes apprentissages, mes doutes, mes convictions, etc. Depuis toutes ces années, mes sources sont nombreuses, des œuvres philosophiques les plus courantes aux écritures plus rares. Des courants positifs et éclairés aux lectures plus sombres et parfois déprimantes. De la psychanalyse traditionnelle aux approches plus modernes. J'ai appris à déconstruire ce que je pensais savoir, j'ai appris à douter. J'ai arrêté de chercher à comprendre avant de prendre le temps d'observer. Et puis, un jour, alors que je pensais être sorti d'affaire, que je me sentais galvanisé par toutes ces connaissances, me voilà à nouveau sur le canapé de mon thérapeute en mode PLS.[3] Un coup dur dans ma vie, et là, plus de Marc Aurèle, plus de Carl Gustav Jung, plus de Christophe André (que j'adore au passage). Seulement moi,

2. Si tu es trop jeune et que tu n'as pas la référence, Google est ton ami…
3. Position latérale de sécurité.

Olivier, papa de trois enfants, mari inquiet face à ses problèmes à régler. Angoissé par la réalité quotidienne, par la nécessité d'être financièrement à l'abri, de devoir gérer la maladie. Pris dans le tourbillon infernal du sentiment d'impuissance face au temps qui passe, face à l'injustice de ce qui peut nous arriver, face à la culpabilité et au regret de ne pas être la personne que j'aurais pu devenir.

Je me souviendrai toujours de cette séance avec Frederik, mon thérapeute, dès les premières minutes, tout se mélangeait dans ma tête. Je me sentais victime et cela me mettait en colère. Pourtant, je n'arrivais pas à sortir de cette boucle de victimisation. Avec le recul, on pourrait dire qu'une part de moi aimait même ressentir ça. Comme si mon bourreau était aussi mon ange gardien. Comme si l'objet conscient de ma souffrance profonde étant aussi le rempart inconscient de ma zone de confort. Ouf, avec cette phrase, on attaque dans le dur ! Me voilà donc avec mes problèmes « graves » et mon envie de me faire plaindre, et là, Frederik me regarde et me dit : « Ah, un moment, pardon de te le dire, mais faudrait que tu fermes un peu tes bouquins pour commencer à vivre. » Mettez-vous à ma place. Pour moi qui suis boxeur, c'est un coup bas ! Surtout qu'à cette époque, une grande partie de mon estime de moi tenait dans cette image de mec un peu curieux et cultivé. Et en même temps, cette phrase résonnait comme si tout ce que je faisais, tout ce temps passé à étudier n'avait servi à rien.

Dans un premier temps, j'ai refusé cette remarque, elle m'a mis encore plus en colère. Et puis, j'ai compris. Vous avez déjà guéri d'une angine en lisant simplement les instructions au dos de la boîte d'antibio ? Non ? Eh bien, j'ai compris que la vie, c'est la même chose. Si on veut évoluer, changer les choses, ressentir différemment, construire un équilibre, il ne faut pas se contenter de lire ou de savoir, il faut vivre, créer des expériences, se confronter, s'exposer, se rendre vulnérable. Il faut agir. À partir de là, j'ai vécu des choses incroyables, certaines très difficiles et d'autres magnifiques. Peu importe le résultat des expériences que je vis aujourd'hui, j'ai compris que mon équilibre passe par des hauts et des bas, que ma vie me paraît parfois imparfaite, qu'il m'arrive d'avoir peur, d'être angoissé. J'ai compris que l'idée que je me faisais du bonheur n'est pas adaptée à nos modes de vie. Mais je sais aussi prendre le temps, sortir de ma zone de confort quand cela est nécessaire ou y rester et en apprécier chaque instant. C'est parce que le bonheur universel n'existe pas que j'ai appelé mon compte Instagram *Bien dans mes pompes*. Parce qu'une fois enfilée, chaque paire de chaussures devient unique, chaque nouveau pas détermine la route personnelle de celui qui la porte. Et aussi, parce qu'on change autant de chaussures dans sa vie que cela est nécessaire. Il suffit alors de toujours garder une seule règle en tête : celle de vouloir avancer en étant bien dans ses pompes.

# Introduction

## La part des pourquoi ?

Dans la vie, toutes nos actions, toutes nos décisions devraient commencer par un « pourquoi ? ». Pourquoi est le mot qui nous permet de prendre instantanément du recul. Celui qui nous met à l'abri de notre impulsivité et de notre empressement. Ce mot, c'est un outil qu'il faut apprendre à manier avec intelligence, et qu'il faut aussi savoir mettre de côté de temps en temps, afin de garder un peu de spontanéité et de folie dans sa vie. Avant de rentrer dans le vif du sujet, voici donc quelques « pourquoi » utiles qui vous permettront de comprendre ce que ce livre va vous apporter et la manière dont il est organisé.

### Pourquoi ce livre ?

En 2012, alors que certains d'entre nous se sentaient préoccupés par la fin du monde prédite par les Mayas, j'ai connu la période la plus difficile de ma vie. Et je peux vous dire qu'en comparaison de ce que j'ai ressenti ou de ce que j'ai pu penser à cette époque, difficile est un doux euphémisme. Je suis passé en quelques jours de l'euphorie de l'entrepreneur épanoui et jeune papa pour la deuxième fois, aux pires galères du chef d'entreprise et aux cauchemars des parents. En quelques jours, j'ai perdu ma société, et toute la sécurité financière qui va avec, quand ma fille de 15 jours à peine a dû être hospitalisée. Non seulement le changement d'ambiance a été brutal, mais il a perduré sur de longs mois. À ce moment-là, mes proches ont été d'un soutien incroyable, mais, malgré ça, je me sentais seul, isolé et perdu. J'avais 29 ans, et à une période de ma vie que j'avais imaginé prospère, j'étais en train de tout perdre tout en envisageant l'avenir avec des dettes colossales et une immense incertitude.

Pour ne pas me perdre, je cherchai à me raccrocher à toutes les histoires inspirantes possibles, à tous les récits de personnes ordinaires, ayant traversé les pires horreurs et pour qui les épreuves avaient été des piliers solides d'une vie meilleure. Je me souviens de ce poème sublime, lu par Charlie Chaplin et de cette phrase de conclusion : « Du chaos naissent les étoiles. »

Ou de cette citation d'Antoine de Saint-Exupéry qui accompagne encore aujourd'hui tous mes projets : « S'agissant de l'avenir, il ne s'agit pas de le prévoir, mais de le rendre possible. »

Toutes ces phrases agissaient sur moi comme des shoots d'adrénaline, me permettant de retrouver quelques instants une énergie positive, une envie d'aller de l'avant et de m'en sortir.

Le témoignage qui m'a le plus marqué et qui a le plus résonné en moi, et qui résonne encore aujourd'hui, est celui de Viktor Frankl, professeur autrichien de neurologie et de psychiatrie, né en 1905 et décédé en 1997. De 1933 à 1936, le professeur Frankl a dirigé le « pavillon des femmes suicidaires » de l'hôpital psychiatrique de Vienne. Lorsque les nazis prennent le contrôle de l'Autriche, il met sa vie en danger en sabotant les ordres qu'il reçoit, refusant ainsi de participer à l'euthanasie des malades mentaux dans le cadre du programme Aktion T4. En raison de son opposition, il est destitué de ses fonctions en 1940. Lui et sa famille sont ensuite déportés en 1942… Rien n'est plus horrible que la guerre, que les atrocités de cette guerre.

Comment traverser cela, comment ne pas se laisser mourir et arriver à se reconstruire quand on voit ses proches mourir et quand on est confronté, impuissant, à tant d'injustices ? Dans les camps, le professeur Frankl a observé que les plus forts, les plus entreprenants étaient parfois ceux qui mouraient en premier. À l'inverse, certains des plus vulnérables, des plus chétifs, arrivaient à survivre : « Face à l'absurde, les plus fragiles avaient développé une vie intérieure qui leur laissait une place pour garder l'espoir et questionner le sens[4]. »

Le sens représentait la clé nécessaire à la survie. L'idée n'était pas de chercher un sens à ce qui leur arrivait, mais plutôt de se projeter dans l'avenir, et de choisir de donner un sens à ce dernier en fonction de ce qu'ils étaient en train de traverser. Survivre pour raconter, pour témoigner et pour transmettre, afin que d'autres puissent construire différemment.

Je me suis alors fait une promesse, celle de sortir de toutes ces difficultés et d'un jour créer un compte sur les réseaux sociaux afin d'aider celles et ceux qui pourraient aussi traverser des moments difficiles. De cette idée, de cette volonté de choisir d'apporter du sens à cette période douloureuse, est né mon compte *Bien dans mes pompes*. De l'envie d'aller plus loin, de toucher plus de personnes, de développer plus d'idées et de me livrer un peu plus, peut-être pour faire définitivement la paix avec quelques vieux démons, est né ce livre.

## Pourquoi « Bien dans mes pompes ? »

Vous avez déjà essayé de faire de la course à pied avec une paire de claquettes ? Ou bien, il vous arrive souvent de vous caler avec un bon bouquin (genre celui-là), une petite musique

4. Dossier « La maladie a-t-elle un sens ? De la culpabilité à la responsabilité », *Enquêtes de santé*, août-septembre 2010, n° 2, p. 23.

sympa en fond et d'enfiler pour l'occasion une paire de boots ? Non ? Eh bien, voilà ! Dans la vie, on sait toujours quelle paire de chaussures on doit enfiler pour se sentir à l'aise. Certaines sont hyper confortables, d'autres non, mais, en général, elles sont toujours plus ou moins adaptées à l'occasion. Si on ne choisit pas sa pointure, on peut choisir la couleur de ses chaussures, la marque, les lacets… Et qu'on habite au fin fond de l'Ardèche, au centre-ville lyonnais, sur une péniche parisienne ou dans le Périgord, on porte tous une paire adaptée à nos pieds.

C'est exactement de cette manière que j'appréhende la notion de bonheur. Il n'existe pas de paire parfaite, de paire adaptée à toutes les occasions. Les chaussures que l'on aime le plus peuvent parfois nous faire mal aux pieds et, à l'inverse, certaines que l'on déteste porter en public sont d'un confort inégalé. Personne ne peut savoir à notre place quelle est la paire que l'on souhaite porter. Quoi qu'il en soit, l'essentiel est de toujours faire en sorte d'être bien dans ses pompes.

Il s'agit là d'une manière de percevoir le bonheur comme quelque chose de simple et d'accessible. Comme quelque chose de quotidien, de précieux et d'inconstant. Quelque chose de parfois très confortable, et qui peut aussi nous faire souffrir atrocement. Quelque chose que l'on doit enfiler chaque jour pour avancer et non quelque chose après lequel on court indéfiniment.

## Pourquoi vous ne serez pas instantanément plus heureux après avoir terminé ce livre ?

Ce livre, ce n'est pas une science. Il ne s'agit pas d'y trouver des recettes magiques destinées à vous rendre plus heureux. Et si vous vous imaginez, qu'en le refermant, vous avez tout compris de la vie, et que chaque nouvelle souffrance a sur vous l'impact d'une piqure de moustique, je vous souhaite bien du courage pour la suite ! À une époque où des influenceurs en culotte courte ayant fait un week-end de formation au fin fond des Cévennes nous promettent de nous apporter le bonheur sur un plateau d'argent, j'ai trouvé important de le préciser.

Il ne serait pas honnête de ma part, et je ferais preuve d'un grand manque d'humilité, si je vous affirmais qu'après seulement quelques pages je pouvais vous rendre définitivement heureux. Les plus grands philosophes comme les plus grands penseurs se sont cassé les dents sur ce sujet depuis des siècles. Ce n'est pas du haut de mes 1,65 m (1,64 m selon ma femme) que je pourrai rivaliser. Nous sommes tous différents. Nous évoluons dans des environnements différents, avec des envies différentes, des objectifs différents. Nous avons reçu des éducations différentes, nous avons vécu et nous vivons des expériences différentes, nous avons des objectifs de vie différents… Avec autant de différences, vous faire la promesse d'un concept de bonheur qui fonctionne pour tout le monde serait soit un miracle digne de la création de l'univers, soit un des canulars les plus remarquables de l'histoire ! N'étant ni un dieu ni un charlatan, je ne vous ferai donc pas une telle promesse.

Cependant, ce livre vous apportera un regard nouveau sur ce que peut représenter pour vous la notion de bonheur. À travers des exemples, des exercices et des outils concrets, mon objectif est de vous aider à définir votre propre vision de ce qu'il représente et de vous permettre de construire votre équilibre de vie.

Comme je vous l'ai dit, nous sommes tous différents sur bien des points, pourtant nous utilisons tous les mêmes mécanismes, les mêmes fonctionnements : cognitifs, émotionnels, comportementaux, sociaux, biologiques, etc. Depuis des centaines de milliers d'années. Nous pourrions comparer cela à l'architecture de la ville de Paris (ou Marseille[5] pour ne froisser personne). Imaginez sa diversité architecturale, ses différences environnementales, allant de ses bâtiments haussmanniens ou ses quartiers Art déco à ses HLM et à ses résidences modernes et pavillonnaires... Si chaque coin de rue, ou presque, semble différent, les outils, les matériaux qui ont servi à chaque construction sont quasiment toujours les mêmes. Un marteau reste un marteau, une truelle, une truelle... Ce qui fait la différence et qui rend chaque construction unique lui donnant toute sa valeur est la manière d'utiliser chaque outil, l'attention que l'on y porte, le temps que l'on y consacre, les efforts que l'on produit pour la réaliser, etc.

**En résumé, si nous devions définir nos rôles respectifs dans la construction de votre bonheur, vous êtes à la fois l'architecte et le maçon, quant à moi, je suis une sorte de grand magasin de bricolage.**

Maintenant que nous avons fait le tour des « pourquoi » indispensables, il est temps pour nous de faire appel au deuxième mot des plus importants. Ce mot, c'est celui qui va nous permettre de « switcher », de passer de l'hypothèse, du plan, au résultat. Ce mot, c'est celui qui engage la volonté d'entamer le changement, c'est le commencement de toutes les constructions et les évolutions possibles. Ce mot, c'est : « Comment ».

5. Seule ville de France à avoir remporté une Ligue des Champions en 1993... Je sais, je suis nostalgique.

## Comment ce livre va-t-il vous aider à créer votre équilibre ?

Cette question est capitale : dans la jungle des livres consacrés au développement personnel, qu'est-ce que ce livre va vous apporter de différent ? Je dis bien différent, car encore une fois, mon objectif est de vous permettre de développer votre propre perception de ce que représente, pour vous, votre équilibre de vie. Il n'existe donc dans ce livre pas de notion générale de « mieux », considérant que ce « mieux » est l'affaire de chacun. Il serait, j'imagine, bien plus simple de vous donner des consignes plus directes, du genre : « Marchez 5 km par jour » ou encore « Arrêtez de vous stresser pour des banalités quotidiennes »... Je vous avoue que je ne me sentirais pas vraiment à l'aise avec l'idée de vous balancer des trucs aussi évidents. En 2025, qui ne sait pas qu'il faut faire du sport pour être en forme, ou que le stress, à forte dose, est mauvais pour la santé ? Et puis, soyons honnêtes, il existe des personnes bien plus compétentes que moi pour vous parler en détail de ces sujets.

Ce livre est structuré de telle manière qu'il vous permettra de construire vous-même votre propre équilibre. Dans un premier temps, nous verrons ensemble quels sont les grands mécanismes, les grands principes qui dirigent nos vies. Dans le premier chapitre, nous parlerons de nos émotions, de nos pensées, de nos préoccupations, du stress, de l'anxiété, d'intention et de perception et également de survie et de bonheur. Sans oublier les incontournables biais cognitifs, mais je ne vous dis encore rien à ce sujet, je n'aimerais pas vous gâcher la surprise... Ces mécanismes sont identiques chez chacun d'entre nous. Ils peuvent varier en fonction de notre éducation, de nos expériences de vie, mais ils constituent la colonne vertébrale de ce que nous pensons, de ce que nous ressentons et de ce que nous faisons (ou pas...). Si on devait comparer votre vie à une voiture, nous pourrions dire que ces mécanismes représentent l'ensemble des pièces indispensables à la conduite. Que vous décidiez ensuite de conduire une voiture de course, un monospace familial, une décapotable ou un buggy, cela ne tient qu'à vous, à condition de savoir que vous êtes doté des bonnes pièces et du bon équipement pour vous lancer dans la bonne aventure, car personne n'a encore gagné le Paris-Dakar avec un monospace, et je ne suis pas certain que vos enfants apprécieraient de partir en week-end en buggy.

Ensuite, nous aborderons différentes thématiques qui correspondent à des moments importants de notre vie et de notre quotidien. Il s'agit d'éléments faisant partie intégrante de notre évolution personnelle : le courage, la peur, les croyances, l'intuition, le temps, le sens, et enfin, l'équilibre. Tous ces mots qui vous sont sûrement déjà familiers et qui, vous le verrez, jouent un rôle bien plus important que ce que vous pourriez imaginer dans la perception de votre bonheur. Nous verrons comment nos mécanismes interagissent avec ces thèmes et comment ils influencent notre vie quotidienne. Nous apprendrons également de quelle manière nous pouvons renverser la tendance pour reprendre le contrôle sur ce pilote automatique qui privilégie bien trop souvent notre besoin de survie au détriment de ce qui pourrait nous rendre heureux.

Ce livre n'est pas un manuel de bonne conduite, et encore moins une notice jonchée de protocoles à suivre à la lettre. Vous devez le percevoir comme un voyage, une aventure personnelle durant laquelle, je l'espère, vous devrez vous questionner. Chaque thème vous permettra d'explorer certains aspects de votre vie sous plusieurs angles. Dans un premier temps, vous serez simple observateur, puis au fil des explications et des exemples, vous aurez une meilleure compréhension du rôle que peuvent jouer vos peurs, vos croyances, vos intentions, etc. Dans vos prises de décision et dans vos comportements.

Enfin, et il s'agit là de la partie la plus importante, vous pourrez décider d'utiliser tous ces mécanismes pour construire un meilleur équilibre de vie. Le bonheur, quant à lui, comme dans nos vies, sera présent partout, sous-entendu dans un paragraphe ou caché derrière une histoire. Il se peut, à la fin de votre lecture, qu'il vous saute aux yeux, qu'il apparaisse là où vous n'aviez jamais imaginé pouvoir le chercher…

Dès lors, vous entrez dans la peau d'un tout nouveau personnage. Votre voyage commence ici, et comme tout bon explorateur en quête de réponses, chacun des chapitres qui vont suivre vous permettra de passer par les quatre phases importantes, présentes dans toutes les aventures : l'exploration, l'observation, la compréhension et l'action

**Retenez bien ces quatre mots.**

**Explorer - Observer - Comprendre - Agir**

## Explorer

Ce mot fait écho à quelque chose de profond en chacun de nous, un élan irrésistible qui nous pousse à sortir de notre zone de confort, à aller au-delà des limites imposées par notre quotidien. Mais qu'est-ce qui nous pousse à explorer, à chercher l'inconnu, à vouloir comprendre ce qui se cache derrière l'horizon ? Ce n'est pas qu'une simple question de goût, de capacité ou de tempérament, c'est ancré dans notre être, dans notre biologie, notre psychologie, et même dans notre généalogie.

Pas la peine de s'appeler Indiana Jones ou Lara Croft, donc, pour partir à l'aventure, ou en tout cas, pour en avoir envie. L'exploration ne consiste pas uniquement à enfiler ses chaussures de randonnée et partir à la conquête du mont Everest. Non, l'exploration commence bien plus près de chez nous, dans les méandres de notre esprit, là où une multitude de mécanismes se met en marche pour nous pousser à découvrir qui nous sommes.

### La curiosité

Le premier de ces mécanismes est **la curiosité**. Vous savez, cette petite étincelle qui brûle en chacun de nous. Cette capacité incroyable qui nous nourrit l'esprit et qui peut nous permettre de réaliser l'impossible. Mais qui peut également se transformer en petit truc malsain et nous pousser à aller voir sur Facebook ce que Brigitte a mangé dimanche midi pendant ses vacances à Mykonos… Notre désir d'exploration est poussé par deux formes de curiosité :

- La curiosité **perceptuelle**, qui nous raccroche au besoin de nouveauté, comme découvrir une nouvelle ville, un nouveau plat culinaire, une nouvelle vidéo sur Tik Tok…
- La curiosité **épistémique**, celle qui nous interroge, qui nous pousse à vouloir comprendre, qui, une fois qu'on a vu une vidéo un peu intéressante sur Tik Tok, va nous faire passer des heures sur la toile pour chercher des infos sur le sujet.

### Le besoin de challenge

Parlons maintenant du deuxième mécanisme, celui lié à notre **besoin de compétence et de challenge**. Car oui, vous l'avez peut-être oublié, mais nous avons tous un petit Rocky en nous, ou un petit Creed pour les plus jeunes. Nous avons tous besoin de nous sentir capables et compétents. Il vous est déjà arrivé de monter un meuble Ikea du premier coup et sans utiliser la notice ? Vous voyez ce petit sentiment de fierté ? Comme si vous étiez l'architecte prêt à achever un jour la Sagrada Familia ? Eh bien, c'est ça.

L'exploration nous permet de relever des défis, d'apprendre de nouvelles choses, et chaque petit succès, booste notre confiance en nous. On se sent invincible, prêt à conquérir le monde… Ou au moins, à monter la prochaine étagère.

## La dopamine

Le troisième mécanisme joue un rôle primordial dans notre évolution en tant qu'espèce. Il s'agit de **l'hormone du plaisir**, j'ai nommé : **la dopamine** ! Ce petit coup de boost que notre cerveau nous envoie chaque fois qu'on découvre quelque chose de nouveau. C'est comme un « Tape m'en 5 » invisible qui nous dit : « Bien joué, ça c'est mon/ma champion.ne ! Continue comme ça ! » Le problème, c'est que nous sommes accros à cette petite molécule chimique, et lorsque notre besoin d'exploration n'est pas comblé (enrichissement personnel, activités physiques ou sociales, alimentation équilibrée, etc.), nous cherchons à la libérer par des moyens plus facilement accessibles, et pas forcément sains pour notre équilibre (malbouffe, alcool, nicotine, etc.), ces derniers augmentant artificiellement les niveaux de dopamine dans notre cerveau, créant un sentiment de plaisir et de bien-être, sur le moment, bien réel, mais dangereux pour notre santé et notre équilibre à long terme.

L'exploration est aussi une question de survie. Il y a des centaines de milliers d'années, nos ancêtres n'avaient pas le choix : il fallait bien partir à la recherche de nourriture, d'abri ou d'un coin sympa pour planter la tente. Aujourd'hui, plus besoin de fuir les tigres à dents de sabre ou les voisins déséquilibrés et violents, mais l'instinct est toujours là. Que ce soit pour trouver un nouveau boulot, partir à la conquête de son prince charmant ou de sa dulcinée, ou tout simplement naviguer dans les catalogues interminables des plateformes de streaming, l'exploration est notre alliée pour nous adapter et rester dans la course.

Et puis, il y a l'exploration sociale, car il faut bien l'avouer, notre envie d'explorer est souvent influencée par ce qui nous entoure. La société, la culture, tout cela joue son rôle. Certaines cultures célèbrent l'innovation, l'audace, comme on célèbre une victoire en finale de la Coupe du monde, tandis que d'autres prônent la stabilité, la tradition, le bon vieux « ne changeons rien ». Alors, nous choisissons de suivre les routes déjà tracées, ou nous préférons tracer notre propre voie, sachant qu'il n'existe pas de chemins parfaitement adaptés. C'est un peu comme si vous vouliez traverser la France en partant de Marseille pour rejoindre Calais, votre GPS vous indiquera les meilleurs itinéraires, vous pourrez décider de lui imposer vos conditions ou tout simplement d'improviser. Peu importe ce que vous choisirez, cela comportera forcément des avantages et des inconvénients, le principal étant que vous arriviez un jour à Calais, et pas à Perpignan.

Explorer, ce n'est pas seulement découvrir des choses nouvelles, c'est aussi se découvrir soi-même. Chaque expérience, chaque nouvelle aventure, devient comme un morceau du puzzle qui compose notre identité, dessinant la carte de notre propre monde intérieur. On cherche à comprendre qui on est, ce qu'on veut réellement, où on peut aller. Et certains jours, on se demande simplement pourquoi on se lève chaque matin.

En fin de compte, l'exploration est un cocktail explosif de curiosité, de besoin de compréhension et de récompenses, d'instinct de survie, de quête de sens, et d'influences sociales. C'est ce mélange unique qui nous pousse parfois à sortir de notre zone de confort et à nous mettre en déséquilibre pour partir à la découverte de la personne que l'on souhaite devenir.

## Observer

Si l'exploration nous pousse à partir à l'aventure, le cœur et l'esprit grands ouverts et avides de découvertes, l'observation, quant à elle, nous permet de ralentir le temps, de raccourcir l'espace. Observer, c'est voir avec attention, fixer avec intention. C'est appuyer sur « pause » dans un monde qui accélère, pour saisir l'instant, pour sentir ce qui est là, devant nous ou en nous.

L'observation, c'est l'art de capter l'essence des choses, dans un monde saturé de stimuli, c'est visualiser à travers une paire de jumelles, ce qui nous paraît inaccessible, sans ressentir la peur de ne pas pouvoir l'atteindre. C'est se retrouver au pied d'une pyramide immense, se sentir tout petit et grandiose à la fois, c'est poser son regard sur quelque chose d'insignifiant pour l'élever au rang d'important, c'est plisser les yeux sur un détail imperceptible, plonger dans le microscopique pour découvrir toute sa grandeur.

Observer, c'est laisser dériver ce qui nous dérange, c'est aussi partir en arrière pour s'enfoncer doucement dans les profondeurs de SOI, et pouvoir contempler ce qui nous fait vivre, ce qui nous rend heureux ou nous préoccupe : nos pensées, nos émotions, nos comportements, notre environnement, nos relations, nos préoccupations… Le simple fait d'observer devient alors le point de départ d'un véritable acte de transformation.

### L'observation consciente

L'observation commence par une prise de conscience, une envie de se dire : « Juste ça ». Un besoin de recentrer son monde sur une seule chose et vivre pleinement l'instant présent. Cette capacité, que l'on connaît aussi sous le nom de pleine conscience, nous permet de remarquer des détails qui, autrement, passeraient inaperçus. Dans une conversation, l'observation, c'est être capable d'écouter avec ses yeux. Si vous n'entendez rien durant vos conversations, inutile de mettre des lunettes… C'est être attentif aux expressions, aux gestes, aux émotions de son interlocuteur. C'est sentir qu'un lien invisible est en train de se créer, nous amarrant fermement le temps de quelques mots.

## L'observation curieuse

Si l'exploration est guidée par la curiosité brute, l'observation transforme cette curiosité en quelque chose de plus structuré, de plus réfléchi. C'est cette capacité à poser un regard neuf sur ce qui est familier, à chercher des nuances là où tout semble évident.

Prenez un moment pour observer une situation que vous vivez souvent : un trajet quotidien, une réunion au travail, une discussion avec vos enfants. Que remarquez-vous que vous n'aviez jamais vu auparavant ? L'observation nous invite à questionner nos certitudes. Elle est le terreau des apprentissages profonds. En observant, on décèle des schémas, on repère des répétitions, et surtout, on identifie des opportunités d'agir différemment.

En cultivant l'observation, nous développons une meilleure connaissance de nous-mêmes et du monde qui nous entoure. Nous devenons capables d'identifier nos besoins, nos forces et nos vulnérabilités. Observer devient alors un outil indispensable pour construire notre équilibre. En cas de difficulté, l'observation nous permet aussi de prendre le large, de faire un pas en arrière pour nous protéger de ce qui nous touche. L'observation, c'est le job du boxeur, lui permettant de maintenir une distance, tout en évaluant le bon moment pour agir.

Avant tout, l'observation est un cadeau que l'on s'offre à soi-même. C'est ce coucher de soleil qui vient nous réchauffer le cœur, cette mélodie qui nous retourne brusquement, ce rire, pourtant si familier, que l'on semble entendre pour la première fois.

Savoir observer, c'est déjà, en soi, avoir accès à une forme de bonheur.

## Comprendre

Notre besoin de compréhension est vorace, et si, pour obtenir des réponses à certaines de nos questions, nous sommes parfois capables d'attendre plusieurs mois, voire plusieurs années, ce qui est le principe de base de tout bon teasing ou de toute bonne fin de série, dans d'autres aspects de notre vie, notre besoin de compréhension est beaucoup moins tolérant ! Nous voulons absolument avoir réponse à tout, nous poussant à chercher des réponses un peu partout, et très souvent, n'importe où… Le besoin de comprendre est inscrit dans notre ADN, actif dès le plus jeune âge. Rappelez-vous lorsque vous étiez petits, vous n'aviez qu'un seul mot à la bouche : « Pourquoi ». Vous passiez vos journées, comme tous les enfants, à saturer involontairement le cerveau de vos parents avec des séries de questions à rallonge pour lesquelles ces derniers n'avaient pas toujours les réponses. La compréhension est donc directement liée à notre besoin d'apprentissage et fait partie de nos mécanismes d'évolution.

Pourtant, contrairement à ce qu'on pourrait penser, comprendre ne se limite pas à emmagasiner des connaissances pour les déballer fièrement le jour de Noël à toute la famille. C'est une démarche active, une valse à trois temps : s'interroger, analyser, intégrer. Lorsque nous cherchons à comprendre, après avoir pris le temps d'observer, nous ne nous contentons pas de collecter des faits ou des données, nous établissons des connexions, nous comparons, nous mettons en perspective, nous créons des possibilités. En d'autres termes, nous cherchons à donner un sens à ce qui nous interroge. La compréhension transcende notre regard et enrichit notre expérience du monde, elle impulse un élan, une intention nouvelle. La compréhension change l'histoire, résout des problèmes complexes. Elle s'invite aussi à des moments plus intimes, plus introspectifs, améliorant nos relations et notre estime de nous-mêmes.

Comprendre, c'est répondre aux grandes questions qui nous traversent. Pourquoi ressentons-nous telle émotion ? Pourquoi certaines relations nous élèvent-elles, tandis que d'autres nous épuisent ? La compréhension nous pousse à aller au-delà de la surface pour explorer les parties immergées de nos vies. Elle nous invite à chercher le « pourquoi » derrière chaque comportement, chaque décision, chaque événement.

Comprendre, c'est aussi s'arrêter sur ce que l'on pense, sur ce qui nous semble inné ou acquis. C'est se demander : « Est-ce que ce que je pense est vraiment exact ? Est-ce que ce que je perçois correspond à la réalité ? Quel est le message de ce que je ressens ? » Comprendre, c'est jouer le rôle d'un analyste critique et ainsi chercher à éviter les raccourcis cognitifs et les biais qui nous piègent si souvent. En cultivant cette compétence, nous développons une vision plus nuancée et plus juste du monde, et surtout de nous-mêmes.

Mais comprendre ne s'arrête pas à l'intellect. Il ne s'agit pas seulement d'avoir une bonne note en cours d'histoire, d'accepter que cette soirée entre potes ou entre copines soit importante pour son couple, ou de se réveiller un matin en ayant trouvé une solution à ces problèmes. Une véritable compréhension intègre également nos émotions. C'est ce moment où nous ressentons, au plus profond de nous, que quelque chose a trouvé sa place. Comprendre, c'est relier la tête et le cœur, la logique et l'intuition, pour accéder à une vision plus complète de ce qui définit notre équilibre.

La compréhension éclaire nos choix, apaise nos peurs et guide nos actions. Comprendre pourquoi nous échouons nous permet de transformer nos erreurs en apprentissages.

Comprendre nos émotions nous aide à les apprivoiser, à ne plus en être prisonniers. Comprendre les autres nous permet de mieux communiquer, de créer des relations plus authentiques. C'est une alchimie entre curiosité, analyse et émotion, afin de naviguer en nous adaptant au courant et aux intempéries. Comprendre, au fond, c'est apprendre à vivre en harmonie avec nous-mêmes et ce qui nous entoure.

## Agir

Moteur, action ! Imaginez, vous rêvez de devenir acteur. Après avoir passé des années entières à explorer tous les métiers du cinéma, à observer le jeu de chaque acteur que vous avez pu croiser, à comprendre les rouages de ce métier, les méthodes de mémorisation, etc. Voilà qu'un producteur vous donne une chance ! Vous vous sentez prêt ! Là aussi, vous avez exploré le scénario en profondeur, vous connaissez votre rôle parfaitement, celui d'un vendeur de hot-dogs le jour, qui se transforme en libellule la nuit pour voler dans les plumes de la pègre qui sévit dans votre ville (ne jugeons pas de la qualité scénaristique de l'exemple). Pour ce rôle, vous avez travaillé dur ! Après une phase d'exploration intensive, vous avez passé des journées entières à observer d'autres vendeurs de hot-dogs, des libellules, tout ça pour mieux comprendre leur manière de voler, de communiquer et… de vendre des hot-dogs. C'est le grand jour, vous connaissez votre script sur le bout des doigts et pourtant, sur le plateau, au moment de dire moteur, pas de vendeur de hot-dogs et encore moins de libellule. Vous êtes terré dans votre caravane, pétri de peur à l'idée de vous planter et de ne pas devenir un grand acteur.

Le réalisateur vient vous voir en catastrophe pour vous demander ce qu'il se passe, vous lui expliquer que c'est votre première fois et que vous stressez (aucun lien avec toute autre situation que vous pourriez imaginer…), et il vous lance alors ce conseil bienveillant et avisé : « Ne réfléchis pas, viens jouer, ça va bien se passer. » La pensée qui vous passe par votre tête à ce moment-là, c'est : « Facile à dire, mais pas facile à faire ! » Dans un certain sens, vous n'auriez pas tort, après tout, si c'était si facile, vous seriez déjà en train de voler fièrement, attaché par des câbles, devant un fond vert, sauf qu'en pratique, vous vous fourvoyez !

En disant cela, vous pensez déjà au résultat que vous souhaitez obtenir. Un peu comme si vous attendiez de la première action ou de la première phrase que vous allez prononcer, un résultat positif immédiat et un succès garanti. Difficile de croire au miracle, quand on sait que les choses prennent souvent un peu de temps pour se mettre en place.

Notre première impression, c'est alors de se dire que ce qui semble « facile à dire » ne l'est pas réellement, et que la personne qui vous a fait la remarque ne vous comprend pas… En réalité, vous vous trompez de perception. Ce qui est difficile n'est pas tant d'enfiler le costume, de prononcer le premier mot, ou de tourner la première scène, mais d'atteindre le résultat que vous idéalisez dès la première prise. Pour pouvoir agir, il est important d'accepter l'idée que, malgré une longue exploration, une observation minutieuse et une compréhension subtile, tout ne sera peut-être pas parfait. Il faut être patient avec soi-même, tolérant avec ses capacités du moment, résilient avec les choses qui ne dépendent pas de nous et qui pourraient nous ralentir. Il faut être OK avec ce figurant qui risque de traverser au mauvais moment, cet éternuement qui vient en plein état de grâce, ce trou de mémoire. Il faut se rassurer en se disant que tout ne marche pas dès la première prise. Avec le temps, on apprend de nos erreurs, on gagne confiance en nous et on devient un acteur plus sûr de lui, capable, un jour, de rire des choses qui l'ont jadis empêché de sortir de la caravane.

Agir n'est donc pas l'étape finale, la fin de l'histoire, un résultat inéluctable que l'on aurait peur de ne pas pouvoir atteindre. Il s'agit plutôt de considérer le passage à l'action comme le point de départ d'un tout nouveau chapitre, celui dans lequel on se met en mouvement, dans lequel on tente parfois de se mettre en déséquilibre pour trouver les éléments, la position, qui nous apporteront une meilleure stabilité.

Agir, c'est la condition indispensable à toute évolution. C'est le premier gars qui a goûté un œuf sorti du cul d'une poule (hommage à un de mes sketchs préférés…). C'est la première femme afro-américaine qui a refusé de céder sa place dans un bus. C'est le premier pas sur la Lune, le premier coup de poing sur le mur de Berlin. C'est un premier « je t'aime » timide envoyé par SMS ou les premières secondes debout dans le berceau. Agir, c'est ce premier geste maladroit dans son nouveau travail, cette première idée foireuse quand on lance son entreprise.

Le passage à l'action nous fait peur lorsque l'on imagine que notre premier mouvement sera responsable du résultat que l'on attend. Or, rappelez-vous de toutes ses actions que vous avez déjà réalisées, qui vous ont permis de survivre jusqu'à aujourd'hui. Ces petits gestes, attentions, ces balbutiements timides, ces coups de gueule retentissants. Soyez rassurés, si vous décidez que le sport est important pour votre équilibre, le simple fait d'enfiler vos chaussures représente déjà une action importante. Si vous souhaitez réguler votre stress quotidien, les cinq premières minutes de respiration consciente que vous ferez seront déjà une action importante. Si vous souhaitez mettre de l'argent de côté, les dix premiers euros que vous épargnerez seront déjà une action importante. Si vous souhaitez arrêter de fumer, la première cigarette à laquelle vous renoncerez sera déjà une action importante. Si vous souhaitez lire un peu plus chaque jour, la première ligne du livre que vous lirez sera déjà une action importante. Je pense que vous avez compris le principe. Vous pouvez alors comprendre que, si vous souhaitez trouver le bonheur, le premier sourire que vous ferez sera déjà une action importante.

Maintenant, à vous de jouer :)

# Prérequis

## Les mécanismes

Avant d'entamer notre voyage, il est important de vous rappeler quelques principes de base. Si nous sommes tous différents, nous sommes tous plus ou moins constitués des mêmes mécanismes, qu'ils soient conscients ou inconscients. Si certains d'entre eux sont évidents et que leur niveau de popularité leur ferait même mériter d'avoir leur propre étoile sur Hollywood Boulevard, comme le stress, la confiance en soi ou les pensées anxiogènes, d'autres s'amusent à piloter nos vies en sous-marin, sans faire trop de vagues, mais en nous poussant parfois à faire des choix ou à adopter des comportements n'allant pas du tout dans le sens de ce qui pourrait nous rendre heureux. Là aussi, j'aurais pu leur consacrer un livre entier, mais je préfère vous les présenter en mode Téléshopping : rapide, efficace, vendant chaque mécanisme comme quelque chose d'indispensable.

Cette première partie, c'est votre sac de randonnée. Chaque mécanisme représente un objet essentiel vous permettant d'aller au bout de l'aventure. Certains objets sont utiles à votre survie, d'autres vous aident à avoir le moral dans les moments difficiles, et peuvent même rendre votre voyage agréable et inoubliable. Le tout est d'utiliser chaque objet au bon moment et de la bonne manière, car pour la plupart d'entre vous, à ce stade du voyage, c'est un sacré bordel ! Le sac à dos est trop lourd, tout y est fourré dans tous les sens, et même avec la meilleure volonté du monde, votre expérience de randonneur se rapproche plus des aventures de Sid dans *L'Âge de glace* que de celles de l'aventurier britannique Bear Grylls.

Rassurez-vous, on ne naît pas aventurier, on le devient. C'est en explorant ces mécanismes, en observant la manière dont ils s'immiscent dans votre équilibre, en comprenant comment vous pouvez les utiliser à votre avantage et agir, grâce à eux, dans le sens de ce qui vous rend heureux, qu'ils deviendront pour vous des éléments indispensables. Vous retrouverez chacun d'entre eux dans les prochains thèmes, n'hésitez pas à repasser par ici pour vous aider dans votre voyage, après tout, toute expédition demande parfois à revenir en arrière pour continuer à progresser.

## Pensées, émotions et comportements

Ce premier mécanisme, c'est la base, tout du moins en thérapies comportementales et cognitives. Nos pensées influencent nos émotions, qui à leur tour, influencent nos comportements.

- **Pensées** : Une pensée négative répétée, comme « Je ne suis pas capable », peut entraîner des émotions de tristesse ou de peur, encourageant certaines actions, ou notre inaction.
- **Émotions** : Les émotions amplifient ou atténuent l'impact des pensées. Une émotion comme la colère peut transformer une pensée neutre en une perception négative de la réalité.
- **Comportements** : En retour, nos actions nourrissent nos croyances. Par exemple, éviter une situation stressante valide l'idée que nous ne sommes pas capables de la gérer.

Prenons un exemple. Plongeons-nous quelques années en arrière, vous avez 12 ans, il est 14 heures et vous commencez à stresser car votre prof d'anglais vient d'annoncer une interrogation orale surprise sur les verbes du prétérit. Bien entendu, vous n'avez pas révisé, et, comme tout élève en pleine puberté qui se respecte (mise à part cette foutue Nathalie qui sent bon le monoï et respire la sérénité intérieure), votre niveau de confiance en vous est bien inférieur, sur une échelle de 1 à 10, au nombre de boutons que vous avez sur le front. Prendre la parole devant toute la classe pour étaler votre joie de vivre et vos connaissances, ce n'est donc pas au programme du jour, et pourtant, manque de bol, ça tombe sur vous (l'univers est parfois cruel...). Moment de gêne ultime, vous changez de couleur, le peu de verbes que vous connaissiez semble être resté sur votre oreiller, bref, la seule pensée que vous avez à ce moment-là vous conduit vers la honte.

Quelques semaines plus tard, scénario identique. Mais là, vous avez révisé et *a priori*, vous ne craignez rien ni personne. Pourtant, quand le doigt inquisiteur de votre prof d'anglais s'oriente vers vous, c'est la douche froide, ou plutôt, le coup de chaud. La pensée que vous aviez créée quelques jours auparavant s'est transformée en croyance, faisant ressurgir à ce moment précis une émotion de peur, celle de paraître ridicule et de ne pas y arriver, entraînant une série de comportements dont vous ne semblez pas directement responsable : hésitations, balbutiements, gestes maladroits, bref, rebelote, alors que, cette fois, vous vous étiez bien préparé. Ce second événement va à nouveau renforcer cette pensée qui commençait à prendre racine en vous : je ne suis pas doué pour l'oral, et encore moins pour l'anglais.

La bonne nouvelle, dans cette trilogie, c'est qu'elle marche aussi dans le sens positif, et qu'en avoir conscience, c'est pouvoir améliorer nos émotions ou nos pensées, qui sont parfois plus complexes à contrôler, en modifiant nos comportements consciemment. Nous pouvons même améliorer nos comportements en travaillant sur notre système de pensée et nos émotions, pour mieux nous préparer à un examen ou une compétition sportive, par exemple, ou plus simplement, pour bonifier nos relations.

## ASTUCES RAPIDES

Apprenez à identifier vos pensées automatiques et remplacez celles qui sont limitantes par des pensées plus nuancées. Par exemple, transformez « Je vais échouer » en « J'ai une chance d'apprendre, même si c'est difficile ».

N'attendez pas d'avoir une pensée encourageante ou une émotion positive pour faire quelque chose qui vous paraît important. Commencez par agir, par faire de votre mieux, et votre nouveau comportement modifiera peu à peu ce que vous ressentiez ou pensiez à l'idée de le faire.

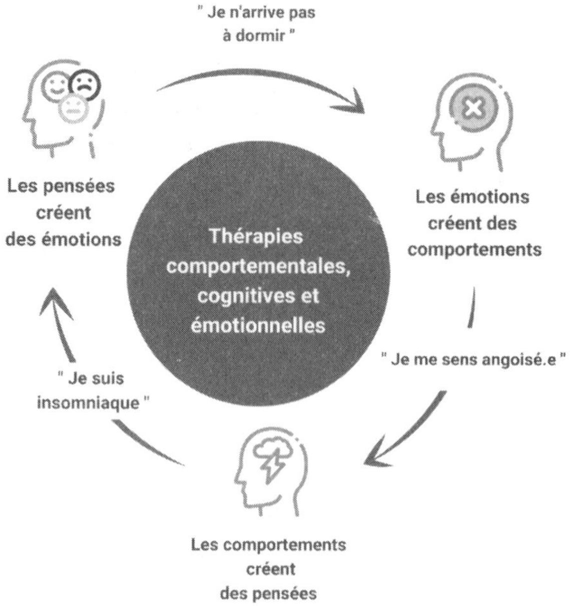

## Stress, anxiété et angoisse

En parlant de trilogie, en voici une que vous connaissez bien. Golden Globe des sujets les plus préoccupants du XXIe siècle. Oui, le stress à forte dose, c'est comme manger une pizza 4 fromages matin, midi et soir. Oui, l'anxiété, ce n'est vraiment pas *cool* à vivre quand une crise nous prend en pleine après-midi cocooning. Oui, l'angoisse, c'est… l'angoisse ! Cependant, une pizza de temps en temps ne fait pas de mal, une crise d'anxiété n'est rien de plus qu'un rappel d'un truc qui cloche et qui n'est pas réglé ou qui nous fait peur, quant à l'angoisse… C'est toujours l'angoisse, mais nous y reviendrons.

### Le stress

Le stress, c'est un mécanisme naturel, un ensemble de réactions qui se déclenchent lorsque l'on se sent en insécurité ou en danger. Le stress est normal et même indispensable ! C'est ce qui nous permet de prendre des décisions face à une situation inhabituelle ou inconfortable, c'est le signal nous permettant d'agir, d'évoluer… Face à ce qu'il estime être un danger, le stress nous met face à deux choix possibles : combattre ou fuir. On peut apprendre à mieux gérer son stress, car ce mécanisme qui fait partie de nous depuis la nuit des temps, et qui agit dans le sens de notre survie, est parfois inadapté à nos modes de vie moderne, se déclenchant maladroitement, devenant une source d'inconfort pour notre équilibre. Normalement, le stress, ça monte et ça redescend aussitôt le danger identifié.

### L'anxiété

L'anxiété, c'est l'ensemble des pensées anxiogènes qui nous envahissent au quotidien. Ces pensées nous ramènent à des souvenirs, des expériences vécues, et nous projettent dans des scénarios futurs, des anticipations de situations dont la plupart n'arriveront jamais. Les pensées anxieuses se mélangent, s'auto-alimentent, s'emmêlent... Difficile alors de faire le tri, ce qui entraîne un sentiment de perte de contrôle et de brouillard mental. L'anxiété prend souvent le relais sur le stress, lorsque, face à une situation qui semble nous mettre en danger, nous choisissons l'immobilisme plutôt que de fuir ou combattre ce qui nous déséquilibre.

### L'angoisse

L'angoisse, c'est cette peur du vide, du néant. C'est un sentiment de peur viscérale qu'il nous est difficile de rattacher à quelque chose en particulier. C'est le sentiment d'être submergé par tout, de se perdre. L'angoisse, c'est un ressenti vertigineux qui peut amener à la panique, qui nous oppresse. Une peur existentielle face à ce qui paraît ne plus avoir de sens. L'angoisse, c'est la peur de l'inexplicable, qui nous saisit à la gorge et qui nous coupe le souffle.

### Le paradoxe du stress

Ce qu'il y a de paradoxal avec le stress, c'est que nous essayons à tout prix de le diminuer, de le faire disparaître, le rendant responsable de notre mal-être, alors que ce dernier pourrait justement faire partie des outils nécessaires à notre équilibre. Imaginez être une gazelle bronzant tranquillement au bord d'un point d'eau. Votre pratique intense de la pleine conscience a abaissé votre niveau de stress, ou si vous préférez, votre état de vigilance est à zéro et vous vous sentez parfaitement alignée avec les éléments qui vous entourent. Je dirais qu'à ce moment de votre vie, votre espérance de vie est d'environ quelques minutes. Il suffit qu'une lionne vous repère, se jette sur vous, et brise votre harmonie intérieure au profit d'un bon repas en famille.

Le stress, c'est donc important pour la gazelle, il lui permet de rester sur ses gardes et d'anticiper le danger pour pouvoir fuir rapidement. À l'inverse, la lionne aussi est stressée. Chez elle, le stress est un moteur, le résultat de la nécessité de réussir sa chasse pour nourrir le groupe, le rappel du danger que cela représente face à des animaux pouvant la blesser. Le stress agit comme un élément maximisant ses chances de succès et la poussant à la combativité.

Imaginons maintenant une lionne qui décide de ne pas passer à l'action, son stress la rongerait sûrement de l'intérieur, lui faisant ressentir la pression sociale exercée par ses congénères, la peur de ne pas pouvoir nourrir sa progéniture, etc. Le stress n'est donc pas un problème en tant que tel, le problème naît de notre incapacité à observer clairement ce qu'il cherche à nous dire, à le comprendre et à agir en conséquence. Cependant, nous ne sommes ni des gazelles ni des lionnes et certains éléments de nos vies à l'origine de notre stress ou de notre anxiété ne dépendent pas de nous. Nous devons alors intégrer des outils et des techniques pour apprendre à mieux contrôler ces mécanismes naturels liés à notre système de survie et parfois inadaptés à notre quotidien.

## Préoccupations et influence

Nous pourrions imaginer que nos vies entières tiennent dans deux cercles. Le premier, celui de l'influence, concerne toutes les choses sur lesquelles nous pouvons agir directement et avoir une influence : notre santé, nos relations, notre implication au travail, nos comportements, le temps que nous passons sur notre téléphone ou aux toilettes le matin, etc.

Le second, celui des préoccupations, intègre l'ensemble des éléments qui sont hors de notre portée et sur lesquels nous n'avons aucun contrôle : le comportement des autres, les événements passés, l'avenir, les catastrophes naturelles, la maladie, les imprévus de la vie, un %#*)§& qui tourne sans clignotant, etc.

Une grande partie de notre équilibre émotionnel réside dans le temps que nous passons à l'intérieur de chaque cercle, considérant que votre stabilité parfaite se situe au centre, qu'autour de vous se trouve votre cercle d'influence et qu'autour de ce dernier se situe celui des préoccupations. À chaque fois que vous consacrez du temps ou de l'énergie à une pensée qui vous préoccupe et sur laquelle vous ne pouvez pas agir, c'est autant de temps que vous passez loin de votre centre d'équilibre. Sachant que, pour la plupart d'entre nous, nous avons déjà planté la tente dans la zone rouge (et non la tante, ce qui serait une préoccupation familiale assez grave), c'est dire à quel point nos pensées intrusives, anxiogènes, ruminantes et compagnie ont pris une place importante dans notre tête.

L'idée est donc assez simple, votre objectif est de consacrer du temps de « penser » aux choses sur lesquelles vous pouvez agir. Plus vous agissez, moins vous cogitez et moins vous passez du temps dans cette zone des préoccupations à vous torturer l'esprit avec des sujets qui ne vous concernent pas ou sur lesquels vous n'avez aucune influence directe.

Heureusement, comme toujours, rien n'est figé, et une pensée qui vous préoccupe peut aussi se transformer en une chose sur laquelle vous pouvez agir. Pour reprendre le mécanisme des deux cercles, au lieu de passer trop de temps avec la même pensée se situant dans le cercle de vos préoccupations, ramenez-la avec vous dans votre cercle d'influence et voyez de quelle manière vous pouvez mettre quelque chose en place pour la faire disparaître.

**Exercice :**

Notez 5 choses dans le cercle d'influence pour lesquelles vous aimeriez consacrer plus de temps et consacrer plus d'importance.

Notez 5 choses dans le cercle des préoccupations auxquelles vous aimeriez penser moins et accorder moins d'importance.

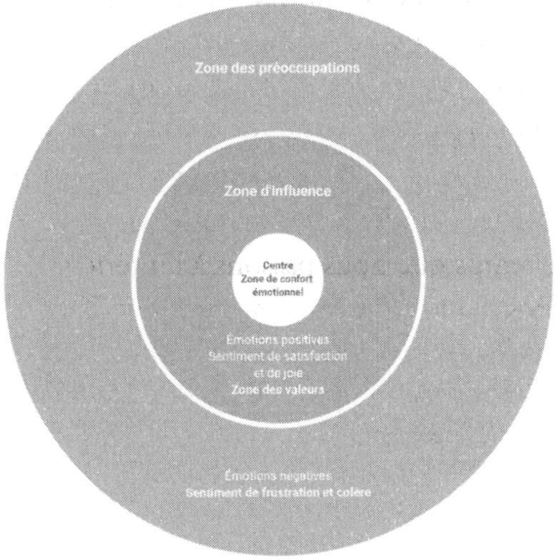


Prenons l'exemple de Amel. Amel est en froid avec sa sœur depuis quelques années. Une histoire d'éducation des enfants, un repas de famille au mauvais moment, bref, n'entrons pas dans les détails. Amel pense souvent à sa sœur, et à chaque fois, elle se met la rate au court-bouillon. Son ventre se noue, la colère monte, l'injustice aussi, puis la tristesse et l'incompréhension. Ce qui se passe dans ces moments, c'est qu'Amel quitte son point d'équilibre pour consacrer du temps à cette pensée parasite qui se trouve dans sa zone des préoccupations : « Pourquoi ma sœur a dit ça ? Pourquoi elle ne veut plus me parler ? Et elle aurait mieux fait de faire ça… » etc. Amel alimente sa pensée, créant un profond sentiment de déséquilibre et faisant naître, à chaque fois, des émotions négatives. Amel pourrait décider de prendre cette pensée, et plus symboliquement, de prendre sa sœur par la main, et la ramener dans sa zone d'influence. De là, plus stable émotionnellement, elle pourrait décider d'agir, et commencer par se poser la seule question qui en vaille vraiment la peine : « À quel point ma sœur me manque ». Peu importe les croyances ou les peurs liées à l'anticipation de ses actions, comme la réaction de sa sœur, elle pourrait alors décider de reprendre contact avec elle, et choisir de renouer leur relation, peu importe le passé et le besoin d'avoir raison. La réaction de sa sœur ne dépendrait bien entendu pas d'Amel, mais en agissant, elle remettrait de l'ordre dans la situation, et peu importe le résultat, elle pourrait alors passer à autre chose.

### ASTUCES RAPIDES

**Identifier les choses qui vous préoccupent et auxquelles vous consacrez trop de temps, et celles sur lesquelles vous pouvez avoir une influence, mais que vous négligez. Voyez de quelle manière vous pourriez observer vos préoccupations, comprendre l'importance qu'elles ont pour vous et décider de vous en débarrasser ou de les ramener dans votre zone d'influence pour vous en occuper. Accordez également plus d'attention à ce qui fait partie de votre zone d'influence afin de réduire les pensées intrusives au profit d'actions claires et bénéfiques à votre équilibre.**

## Les biais cognitifs

J'ai hésité à parler de ce mécanisme en dernier, après tout, ne dit-on pas le meilleur pour la fin ? Pourtant, de meilleur à pire, il n'y a qu'un pas, ou plutôt qu'un raccourci, alors question d'équilibre, je l'ai placé au milieu. Les biais cognitifs sont à notre cerveau ce que Google Maps est à notre téléphone : pratique dans certains cas, mais attention de ne pas suivre les raccourcis aveuglément, sous peine de finir dans des vignes, embourbé jusqu'au châssis ! Nos biais cognitifs s'invitent dans toutes nos réflexions, nos jugements, nos envies, nos disputes conjugales… Ces distorsions systématiques et inconscientes sont le résultat de raccourcis mentaux que notre cerveau adore emprunter pour gagner du temps et, accessoirement, économiser un peu d'énergie.

Ils nous aident à gérer l'avalanche d'informations qui nous tombe dessus chaque jour, mais ils nous mènent aussi à des conclusions un poil irrationnelles, voire, parfois, complètement absurdes. Pour le côté plus pragmatique, le concept de biais cognitif a été introduit au début des années 1970 par les psychologues Daniel Kahneman (prix Nobel d'économie 2002) et Amos Tversky pour expliquer certaines tendances vers des décisions irrationnelles dans le domaine économique. Depuis, une multitude de biais intervenant dans plusieurs domaines ont été identifiés par la recherche en psychologie cognitive et sociale. Certains biais s'expliquent par les ressources cognitives limitées (temps, informations, intérêt, capacités cognitives). Lorsque ces dernières sont insuffisantes pour réaliser l'analyse nécessaire à un jugement rationnel, nos biais cognitifs permettent de porter un jugement plus rapide. D'autres biais reflètent l'intervention de facteurs motivationnels, émotionnels ou moraux, comme le désir de maintenir une image de soi positive ou d'éviter une dissonance cognitive (avoir deux croyances incompatibles) déplaisante.

Comme pour tous nos autres mécanismes, ces biais ne sont pas tombés du ciel (enfin, sauf pour les fans de la série *Alien Theory*...). Non, ils viennent de nos ancêtres. Il y a des dizaines de milliers d'années, nos arrière, arrière, arrière [...] arrière-grands-parents n'avaient pas le luxe de passer trois heures à analyser si le truc sombre et un peu massif derrière le buisson était un congénère un peu pudique, se cachant pour soulager sa vessie, ou un tigre à dents de sabre attendant sagement le moment opportun pour passer à table. Peu importe la réponse, étant donné l'instabilité et le danger environnant, dans le doute, il valait mieux détaler à toute vitesse pour se planquer (derrière un autre buisson, par exemple). Résultat pour la source généalogique de notre lignée : un jour de vie en plus en milieu hostile, bravo Pierre, ou Guy, je ne sais plus.

Le problème, c'est que si aujourd'hui, je trouve que mes photinies sont magnifiques, il est rare que j'aie besoin de m'y réfugier pour survivre à une mort atroce. Il m'arrive bien de m'y cacher de temps en temps pour fuir mes propres enfants, mais de là à dire que c'est vital, il ne faut quand même pas exagérer. Heureusement, notre situation de vie a donc bien changé, remettant en question nos priorités, mais nos vieux mécanismes, eux, n'ont pas suivi le rythme, agissant parfois comme des vieux outils en pierre mal taillée et maladroits. Le tigre aux dents acérées s'est transformé en e-mails non lus, en tâches à traiter, en repas à préparer, en séries à regarder, etc. Bref, tout ce qui fait partie de notre quotidien aujourd'hui est soumis aux mêmes mécanismes que nos ancêtres, ce qui peut parfois nous jouer de vilains tours, nous poussant à faire des choix basés sur notre système de survie plutôt que sur notre volonté d'être heureux. Bien qu'on ait parfois envie de leur faire la peau, nos biais cognitifs ne sont pas méchants par nature. Au contraire, ils essaient donc de nous protéger, même si leur méthode manque souvent de subtilité.

## PETIT TOUR RAPIDE DE QUELQUES BIAIS COGNITIFS, GARANTI SANS SPOILER POUR LA SUITE DE CE LIVRE

**Le biais de confirmation : tendance très commune, à ne rechercher et ne prendre en considération que les informations qui confirment les croyances et à ignorer ou discréditer celles qui les contredisent.**

**Le biais d'autocomplaisance : tendance à s'attribuer le mérite de ses réussites et à attribuer ses échecs à des facteurs extérieurs défavorables.**

**Le biais de négativité : tendance à donner plus de poids aux informations et aux expériences négatives qu'aux positives et à s'en souvenir davantage.**

**Le biais de représentativité : raccourci mental qui consiste à porter un jugement à partir de quelques éléments qui ne sont pas nécessairement représentatifs.**

**La liste étant très longue, je m'arrêterai là, mais ne vous inquiétez pas, vous retrouverez quelques biais cognitifs tout au long de ce livre...**

## L'ombre et la lumière

Ce mécanisme est selon moi un des plus importants à comprendre. Il permet d'apporter un regard différent sur SOI et sur les autres, et ainsi pouvoir rapidement modifier certains de nos comportements qui ne nous conviennent pas, tout en comprenant mieux ceux parfois inappropriés des personnes qui nous entourent.

Ici aussi, nous pourrions discuter pendant un long moment, décortiquant le travail de Carl Gustav Jung sur les *personas*, les archétypes, la réalisation du SOI, le rôle du MOI dans notre évolution personnelle, etc. Disons que, par rapport à l'intention de ce livre, ce serait comme vous expliquer le fonctionnement de votre smartphone au niveau logiciel et technologique, en vous décrivant le rôle de chaque composant électronique, en vous expliquant l'utilité de chaque ligne de code de chaque application, etc. Soyons honnête, on se moque pas mal de savoir tout ça, l'essentiel, c'est de savoir dans les grandes lignes comment ça marche, et de quelle manière on peut l'utiliser pour améliorer notre quotidien. Et pour un supplément de franchise, vous expliquer la genèse de ce mécanisme qui, au final, représente plus un outil de compréhension et de développement personnel, ne serait pas rendre hommage à tout le travail de C. G. Jung, dont certains spécialistes sont bien plus calés sur le sujet que moi. Ceci étant dit, je ne peux que vous inviter à vous plonger dans les recherches passionnantes du père de la psychologie analytique, grand explorateur de notre inconscient et de bien d'autres sujets. Prévoyez tout de même quelques décennies de concentration, et quelques boîtes de Paracétamol pour faire passer tout ça... Revenons au sujet.

Nous appelons lumière, l'ensemble de nos capacités positives, ce que nous appelons plus communément nos qualités. Chacune d'entre elles est rattachée à une ombre, une sorte d'alter ego indissociable qui se développe en parallèle. Notre inconscient ayant toujours de bonnes intentions, ce qui fait la différence, en termes de perception, entre la lumière et l'ombre, c'est l'intensité à laquelle nous mettons en avant notre capacité positive, ainsi que le contexte. L'ombre, c'est donc la perception (extrême) négative de notre intention positive exercée avec trop d'intensité ou dans le mauvais environnement. Bien que chaque part de lumière ou d'ombre soit propre à chacun, nous pouvons cependant nous appuyer sur quelques généralités pour nous aider à comprendre le mécanisme.

Erika est solaire. C'est comme ça que ses amis la perçoivent. Elle déborde d'énergie, elle adore faire sourire les autres, prendre les devants pour décider des activités, etc. Que ce soit dans sa vie personnelle ou professionnelle, Erika ne change pas d'intention, elle garde toujours la même énergie. Pourtant, au travail, certains de ses collègues la trouvent trop envahissante, et elle en souffre terriblement. Elle n'a pas envie de changer, elle ne veut pas « s'éteindre » sous prétexte que certains ne l'aiment pas. Cependant, les relations au travail sont devenues compliquées et l'équilibre émotionnel d'Erika n'est pas à la fête. Dans ce cas, l'intention positive d'Erika, sa capacité, c'est son côté rayonnant. Le problème, c'est que, dans le contexte du travail, ses collègues ont besoin de plus de calme et d'équilibre, et n'ont pas forcément envie d'être tous les jours éblouis. Ils ne perçoivent alors pas l'intention positive d'Erika, mais sa part d'ombre qui, elle, est plus envahissante, trop éblouissante justement. L'idée, pour Erika, ce n'est pas de se couper de cette belle capacité, mais plutôt d'accepter de diminuer son intensité au travail pour qu'elle soit perçue à sa juste valeur dans le bon environnement.

Notre équilibre personnel dépendant uniquement de notre faculté à agir sur les choses sur lesquelles nous pouvons avoir une influence, avoir conscience de ce mécanisme nous permet d'identifier quelles sont les parts d'ombre à l'origine de certains de nos comportements ou problèmes relationnels. Notre inconscient n'agissant jamais de manière mal intentionnée, difficile de lui demander d'être moins têtu, mais dans certaines situations où notre entêtement nous est reproché, nous pouvons lui demander d'être un peu moins déterminé. Compliqué également de lui faire comprendre que nous sommes parfois trop impulsifs, c'est plus facile pour lui d'accepter que notre spontanéité n'est pas toujours appropriée, et qu'elle demande parfois à être plus réfléchie.

## VOICI QUELQUES EXEMPLES

**Vous pensez être trop inquiet ? Essayez d'être un peu moins prudent.**

**Vous croyez être trop gentil ? L'altruisme est une belle qualité, mais à ne pas partager avec n'importe qui.**

**On dit de vous que vous êtes trop exigeant à la maison ? En même temps, votre travail demande peut-être à ce que vous soyez très rigoureux, pensez à diminuer l'intensité de cette qualité une fois à la maison.**

**Travail rapide : Faites une liste des défauts que vous identifiez chez vous ou que d'autres personnes ont pu vous reprocher. Pour chacun d'entre eux, rattachez-lui une intention positive, une qualité. Rappelez-vous, l'ombre et la**

**lumière ne sont pas des opposés, mais des alter ego. Voici quelques exemples : observateur > introverti, combatif > autoritaire, prévoyant > inquiet, curieux > éparpillé, indépendant > seul ou égoïste, patient > paresseux.**

## État d'esprit fixe ou en mouvement

Le concept d'état d'esprit fixe (*fixed mindset*) et d'état d'esprit en mouvement (*growth mindset*) a été popularisé par la psychologue américaine Carol Dweck. Ce mécanisme est assez simple à comprendre, tout est dit dans le titre. En fonction des périodes que nous traversons ou des épreuves que nous rencontrons, notre état d'esprit évolue. Nos pensées, nos émotions et, si vous avez bien suivi jusque-là, nos comportements ne sont donc pas perpétuellement identiques, ils évoluent aussi en fonction de notre état d'esprit.

Dans un état d'esprit fixe, nous croyons que l'intégralité de ce qui fait notre personnalité est figée. Ainsi, nos connaissances, notre intelligence, notre créativité, notre talent unique pour le bricolage ou la course à pied sont des éléments gravés dans notre marbre identitaire. La notion d'échec, d'incapacité ou d'erreur est alors associée à quelque chose de catastrophique, d'inévitable ou d'irrattrapable, validant à chaque fois que cela nous arrive, nos croyances limitantes et mettant en danger notre équilibre.

À l'inverse, un état d'esprit en mouvement repose sur la conviction que tout peut être amélioré, appris, rectifié, etc. Notre équilibre est alors en constant mouvement, chaque erreur permettant d'apporter de précieuses indications sur la manière d'améliorer les choses et chaque certitude sur nos capacités étant remise en question, afin de toujours avoir une certaine objectivité sur la situation. L'échec est intégré comme un élément possible de nos choix et actions, et même s'il reste parfois difficile à digérer, on accepte l'idée qu'il peut aussi s'agir d'un tremplin bénéfique à d'autres projets.

Biologiquement parlant, notre cerveau est « *Let's grow ready* »[6]. Grâce à sa neuroplasticité, il évolue constamment au fil des expériences, des erreurs et des efforts que nous produisons. Chaque apprentissage, chaque répétition forment ou renforcent des connexions neuronales. Pour notre cerveau, l'erreur n'est donc jamais une fin en soi, il s'agit plutôt d'une petite ampoule qui s'allume sur les points à améliorer.

Pour vous donner une image, avoir un état d'esprit fixe, ce serait comme planter des graines dans son jardin, laisser pousser, voir qu'au milieu des fleurs magnifiques, ont poussé quelques mauvaises herbes, se dire que de toute façon, on avait raison de penser qu'on n'a pas la main verte, et laisser crever le reste des fleurs pour valider notre idée.

Dans un état d'esprit en mouvement, vous auriez enfilé vos gants, fier d'avoir réussi en partie à faire pousser quelques fleurs, et vous auriez pris le temps d'arracher le reste pour replanter autre chose.

Un état d'esprit fixe reflète donc une vision statique de la vie. Une mauvaise mémoire restera une mauvaise mémoire, un problème relationnel ne pourra pas évoluer positivement, un niveau d'anglais moyen vous empêchera de voyager, une vie compliquée le restera forcément, etc. Le plus fou dans l'histoire, c'est qu'il peut y avoir quelque chose de rassurant pour certains à s'imaginer que les choses sont permanentes. L'état d'esprit en mouvement incarne, quant à lui, la notion d'impermanence, cette idée que la vie est une énergie en constante transformation. Chaque objectif devient une étape et non plus un idéal, le seul

6. En français : « Grandissons prêt », ça ne veut rien dire mais vous avez sûrement pigé l'idée.

vrai but étant de construire sans cesse une meilleure version de soi-même.

Il existe une phrase que vous devez certainement connaître et qui caractérise parfaitement ce qu'une personne ayant un état d'esprit fixe pourrait dire à une autre ayant un état d'esprit en mouvement : « De toute façon, toi, tu es né sous la bonne étoile. »

D'un certain côté, oui, je ressens une profonde reconnaissance à avoir eu cette chance de naître dans un pays et à une époque où aller à l'école à pied ne me demandait pas de faire 20 km par jour en Crocs, ce qui encore aujourd'hui est le cas dans beaucoup de pays. Cependant, quand la remarque vient de personnes nées dans les mêmes conditions que moi qui observent ma vie à travers un rouleau d'essuie-tout, ma bonne étoile ne m'a pas ménagé, et c'est en cultivant mon état d'esprit en mouvement que j'ai pu construire tout ce que j'ai aujourd'hui, sinon, je serais encore en boule, bien planqué dans ma chambre d'adolescent gras du front.

## QUELQUES ASTUCES POUR VOUS PERMETTRE DE CULTIVER UN ÉTAT D'ESPRIT EN MOUVEMENT

**Adopter cet état d'esprit, c'est choisir d'embrasser l'incertitude, de valoriser l'effort plus que le résultat et, surtout, d'accepter que rien n'est parfait. En cultivant un état d'esprit en mouvement, vous ne vous contentez pas de développer vos compétences, vous vous libérez d'une vision figée de vous-même. Vous commencez à voir la vie comme un immense théâtre, rempli de rires, de larmes, de jeux, de rencontres, de trous de mémoire et d'applaudissements, passant d'une pièce à une autre, vous adaptant chaque jour à un nouveau public.**

**Face à un échec : Remplacez le fameux « Je suis nul » par « Qu'est-ce que cela m'apprend ? » ou « Qu'aurais-je pu faire de différent ? »**

**Pour atteindre un objectif : Remplacez « Je ne suis pas bon en... » par « Je ne suis pas ENCORE bon en... »**

**Face aux critiques : Considérez-les comme des informations. « Que puis-je tirer de ce retour ? »**

## Estime de soi et confiance en soi

L'idée n'est pas de vous faire un cours historique sur l'utilisation de ces termes, mais plutôt de comprendre la différence entre les deux, afin que vous puissiez les identifier dans votre quotidien tout en comprenant leur fonctionnement.

### La confiance en soi

Nous pourrions comparer la confiance en soi à un enfant qui essaye de marcher pour la première fois. Au début, il trébuche, se relève, tombe à nouveau, se relève, puis, un jour, se retrouve à galoper comme une antilope dans votre salon, esquivant avec aisance les coins de table et les pieds de chaises. Cet exemple, ou plutôt, cette étape de notre vie que nous traversons tous représente parfaitement la notion de confiance en soi : croire en sa capacité à accomplir une tâche, une action, grâce à la pratique et l'expérience. Le plus important ici, c'est de comprendre que la confiance en soi ne doit pas être perçue comme le moteur de nos expériences, mais plutôt comme un résultat, venant par la suite renforcer nos capacités et nos croyances positives.

S'empêcher de faire quelque chose en pensant manquer de confiance en soi, ce serait un peu comme vouloir se mettre à la musculation et attendre d'avoir des muscles pour acheter une paire d'haltères. Vous comprenez le principe ? La confiance en soi c'est comme un muscle que vous entraînez, plus vous l'exercez et plus elle se renforce. Vous vous demanderez alors peut-être pourquoi nous avons parfois le sentiment de manquer de confiance en nous et, surtout, pourquoi cette idée nous paralyse ? Il existe, comme toujours, beaucoup d'explications possibles. Une d'entre elles est que nous avons tendance à nous comparer à des personnes ayant déjà réalisé, ou tenté de réaliser, ce que nous souhaitons faire à notre tour. Le problème, c'est que côté timing, notre comparaison ne peut pas fonctionner et aura tendance à nous saper notre détermination. C'est l'histoire du gars qui entre pour la première et dernière fois dans une salle de musculation, hyper motivé, mais vite abattu par les corps secs et puissants des fans de crossfit qui, eux, sont déjà inscrits depuis cinq ans. C'est évident, José, tu ne peux pas avoir les mêmes résultats qu'eux au bout de seulement deux heures de musculation. Ce n'est pas une question de confiance en toi, c'est une question d'entraînement, de discipline et de temps. D'ailleurs, est-ce que tu veux vraiment leur ressembler ? Car si la réponse est non, compare-toi à des personnes ayant les mêmes objectifs que toi et surtout, le même niveau d'expérience !

Pour aller plus loin dans la réflexion, avoir ou ne pas avoir confiance en soi, cela ne veut pas dire grand-chose dire. La confiance en soi, c'est une notion très vague, une perception très générale de nos capacités et de notre faculté à pouvoir les utiliser face à l'inconnu. Parler de manque de confiance en soi, c'est, d'une certaine manière, ne pas s'autoriser à tenter, à oser, à faire. Le pire, c'est que la plupart du temps, nous généralisons la perception que nous avons de notre confiance en nous, en oubliant que sur certains aspects de notre vie, nous faisons déjà preuve d'une grande confiance en nous.

Prenons l'exemple de Céline. Elle explique que sa confiance en elle l'empêche d'avancer dans la vie et que cela représente pour elle un frein important, voire une grande souffrance. Pourtant, Céline élève seule depuis plusieurs années ses deux enfants. Elle travaille tous les jours, gère les comptes, prend régulièrement l'autoroute pour se rendre en rendez-vous, et doit faire face à des clients parfois exigeants. Elle fait donc preuve, sans le savoir, d'une grande confiance en elle dans certains aspects de sa vie. Pourquoi n'en a-t-elle alors pas conscience ?

Parce que ces éléments de son quotidien s'apparentent pour elle à des banalités ou des contraintes. Sa confiance en elle, elle la réserve pour des aspects de sa vie qu'elle idéalise ou qui lui paraissent compliqués à atteindre. Céline doit alors prendre conscience de ses capacités réelles et considérer sa confiance en elle, non pas comme un système binaire composé des options : oui ou non, mais comme une réserve de ressources dont elle dispose et qu'elle peut mettre à profit pour atteindre ses objectifs de vie.

**La prochaine fois que vous pensez ne pas avoir confiance en vous, faites ce petit exercice :**

Dites-vous : « J'ai confiance en moi, mais je n'en ai pas conscience » et cherchez les actions que vous réalisez au quotidien et qui vous demandent, sans que vous le sachiez, une grande confiance en vous.

Posez-vous ensuite cette question : Quelles sont les capacités déjà présentes en moi et qui me permettent de réaliser tout ça ? Faites une liste.

Demandez-vous les raisons pour lesquelles vous souhaitez avoir confiance en vous. À qui vous comparez-vous ? Quelle situation imaginez-vous ? Quels défis voulez-vous surmonter ? (ex. : Quand je vois ce que font les influenceurs que je suis sur Instagram, quand je suis trop « gentil » ou « gentille ». Quand j'imagine devoir parler devant plusieurs personnes, etc.)

Posez-vous ensuite ces deux questions : « En quoi est-ce important pour moi, en quoi est-ce un problème pour moi ? »

Cadrez précisément la situation ou l'objectif qui demande que vous ayez confiance en vous (ex. : Demander une augmentation, vous inscrire dans une salle de sport, sortir plus souvent, etc.)

Posez-vous ensuite ces deux questions : « Quelles capacités listées dans le point 1 me permettraient d'atteindre ces objectifs ? » « Quelles décisions dois-je prendre pour avancer vers ces objectifs ? »

## L'estime de soi

Parlons maintenant de l'estime de soi. Il y a quelque chose de plus poétique, de plus spirituel et d'introspectif dans cette notion, bien que les explications les plus simples à comprendre à son sujet nous viennent de sa source biologique et cognitive. Pour rester dans l'onirique, l'estime de soi est le reflet de notre propre image. C'est le jardin secret de notre identité, où chaque fleur représente une qualité, une réussite, une attention, un moment de fierté, etc.

Pour celles et ceux qui sont plus terre à terre, l'estime de soi peut être comprise comme l'évaluation que chacun fait de sa propre valeur, influencée par des dimensions biologiques, cognitives et sociales. Du point de vue neuroscientifique, elle émerge d'une interaction complexe entre plusieurs systèmes cérébraux :

le cortex préfrontal, qui contribue à la réflexion sur soi et à la régulation émotionnelle, le système limbique, qui, par le biais de structures comme l'amygdale, module les émotions et les jugements, et enfin, l'hippocampe, qui stocke nos souvenirs, et façonne les croyances que nous avons sur nous-mêmes.

Nos expériences passées jouent donc un rôle crucial dans l'évaluation de notre estime de nous-mêmes, tout comme les interactions sociales. D'autres facteurs biologiques, comme les niveaux de sérotonine ou le fonctionnement de l'axe du stress, peuvent influencer directement notre perception de nous-mêmes. Par exemple, un excès de cortisol peut affaiblir l'estime de soi en générant une vision plus pessimiste de soi-même et du monde.

Sur un plan philosophique, l'estime de soi transcende les jugements extérieurs pour se concentrer sur l'authenticité et la connaissance de soi. Les penseurs antiques, comme Socrate, appelaient à se connaître soi-même pour construire une estime fondée sur des valeurs profondes et intemporelles. Une perspective spirituelle renforce cette idée en affirmant la valeur intrinsèque de chaque individu. Dans le bouddhisme, l'acceptation inconditionnelle de soi et la reconnaissance de l'impermanence sont au cœur de cette démarche. Quant à la tradition chrétienne, elle associe l'estime de soi à une dignité inhérente, donnée par le fait d'être « à l'image de Dieu ».

Ces deux approches, neuroscientifique et philosophique, se rejoignent dans leur complémentarité. Si l'une éclaire les mécanismes biologiques et psychologiques modulables, l'autre invite à une quête de sens et de connexion avec soi-même et les autres. Ensemble, elles ouvrent des pistes pour renforcer l'estime de soi, qu'il s'agisse de thérapies ou d'exercices pratiques, ou encore d'une réflexion plus profonde sur la place que nous occupons dans le monde. Ainsi, l'estime de soi devient un équilibre entre l'acceptation de ce que nous sommes et la volonté d'évoluer vers une version de nous-mêmes alignée sur nos valeurs et aspirations.

Pour vous donner une image symbolisant l'interaction entre notre confiance en nous et notre estime de nous-mêmes, imaginez un danseur sur scène. La confiance en soi, c'est sa capacité à exécuter chaque mouvement avec précision, grâce à des heures d'entraînement, d'erreurs, de réussites, etc. L'estime de soi, c'est la passion et l'émotion qu'il met dans chaque pas, sa conviction qu'il est à sa place, au bon moment, indépendamment de son niveau de danse.

La confiance en soi et l'estime de soi sont influencées par notre histoire, nos expériences, mais aussi par notre capacité à remettre en question nos croyances, à prendre nos responsabilités et à construire une vie qui a du sens. Comme le disaient les stoïciens, ce n'est pas ce qui nous arrive qui définit qui nous sommes, mais la manière dont nous y réagissons.

## Survivre ou être heureux, ou les deux ?

En voilà un débat fascinant et profondément humain ! Comment concilier notre besoin instinctif de survie avec notre quête de bonheur ? Car ces deux notions, bien que liées, relèvent de dynamiques différentes et nous avons tendance à l'oublier. Notre besoin de survie, aussi vieux que la nuit des temps, cherche à nous protéger, à faire en sorte que nous puissions vivre du lundi au mardi, du mardi au mercredi, etc. Il est ancré dans nos instincts biologiques et nos mécanismes évolutifs. C'est une nécessité de base : manger, boire, se protéger du danger, se reproduire, ne pas chercher à avoir raison quand sa femme a mal dormi... Ces besoins fondamentaux sont les fondations de la vie humaine. Sans eux, toute quête de sens ou de bonheur est compromise.

Le bonheur, en revanche, cst plus complexe et subjectif. Il va au-delà de la simple satisfaction des besoins primaires pour inclure des dimensions émotionnelles, psychologiques et philosophiques : le sens de la vie, la connexion aux autres, la réalisation de soi, et la recherche de joie ou d'épanouissement. En d'autres termes, la survie nous permet de vivre et d'avancer de jour en jour, tandis que le bonheur nous donne une raison de vivre et de créer.

Si nous aspirons tous au bonheur et à la sérénité, n'oublions pas que nous sommes avant tout câblés pour éviter le danger ! Et bien que nous soyons également dotés de ce besoin d'exploration et de nouveauté, il existe quand même ce truc en nous qui, face à l'incertitude, adopte une attitude dubitative avec une envie irrépressible de faire demi-tour et de galoper dans l'autre sens. Notre instinct de survie, bien qu'indispensable, peut donc devenir un frein à notre bonheur.

L'obsession pour la sécurité, par exemple, qu'elle passe par l'accumulation de biens ou l'hypervigilance face à des dangers potentiels, nous enferme dans une logique de survie permanente. La peur du changement nous incite quant à elle à rester dans des situations familières, même insatisfaisantes, par crainte de l'inconnu ou de l'échec.

Pour transcender cet état, il est essentiel d'accepter notre vulnérabilité, et l'idée que, sans elle, nos chances de construire et de vivre des expériences qui nous rendent heureux sont extrêmement réduites. Car si notre instinct de survie nous protège, il nous isole également et nous coupe de tout ce qu'il estime pouvoir nous mettre en difficulté. Ce serait comme un équilibriste ayant le vertige, un chanteur craignant la scène, un boxeur ayant peur de prendre des coups, ou plus simplement, un chef d'entreprise n'aimant pas prendre de décisions. En réalité, toutes ces personnes, comme vous et moi, ont sûrement eu peur, un jour, de se retrouver face au vide ou devant un public, de se faire exploser l'arcade, ou de faire le mauvais choix stratégique. Cependant, elles ont franchi le cap quand même, relativisant le risque et faisant passer leur instinct de survie au second plan, au profit de ce qui a du sens et qui les rend heureuses.

En comprenant cette idée d'opposition et de complémentarité entre survie et bonheur, nous pouvons nous sentir en sécurité tout en acceptant une part d'incertitude et de prise de risque. Nous pouvons nous interroger sur la nécessité de devoir combattre nos peurs, de faire la chasse au stress ou de vouloir absolument fuir notre zone de confort. Car il ne s'agit pas de nos ennemis, mais plutôt de partenaires, jouant leur rôle respectif dans notre évolution en tant qu'espèce et en tant qu'êtres vivants. Ces partenaires, un peu maladroits parfois, méritent-ils vraiment que nous les détestions ? Au point de les rendre responsables de notre incapacité à créer un équilibre et à nous sentir heureux ? Ou devrions-nous plutôt revoir, avec plus de justesse, leur place dans nos vies modernes, tout en étant un peu plus à leur écoute et en apprenant à communiquer avec eux, pour leur expliquer que parfois, ils deviennent un peu trop envahissants ? À suivre…

Maintenant que vous êtes familier avec ces mécanismes, il est temps d'aborder notre voyage à travers les grands thèmes de vie. N'oubliez pas, chaque mécanisme joue un rôle important dans la construction de votre équilibre et dans votre perception de votre propre bonheur. N'hésitez pas à repasser par ici lorsque cela est nécessaire. Cette section, c'est votre sac de voyage.

# Prêts pour l'aventure ?

# Chapitre 1

## Le héros

**« Nous devons être disposés à renoncer à la vie que nous avons imaginée afin de vivre celle qui nous attend. »**

Joseph Campbell

# LES MÉCANISMES

*Septembre 2023, j'ai 39 ans. Les deux dernières années ont été difficiles. Si je devais résumer : un long COVID, une opération et un voyage bouleversant. Deux années de hauts et de très bas. Deux années de doutes, d'envies, de doutes, d'envies, de doutes… De doutes… Deux années de dépression.*

*On ne peut pas dire que ma vie a été un long fleuve tranquille. D'autant que, comme me l'a dit un jour mon thérapeute : « Toi, dès que ça va, et que tu navigues sur des eaux calmes, tu ne peux pas t'empêcher de balancer de la dynamite pour faire un peu de vagues »… Subtil et pertinent, comme toujours, merci Frederik. Mais là, c'est dur. Ce qui est différent, c'est que je ne peux pas expliquer pourquoi je ne vais pas bien. Je ressens comme un vide, une sensation d'infinie solitude qui ne me laisse un peu de répit que les rares fois où je dors profondément. Sans parler de cette culpabilité de ne pas aller bien, cette dissonance entre le fait de se sentir seul et la réalité de ne pas vraiment l'être. Je suis bien entouré. Philosophiquement, socialement, je suis heureux. En tout cas, selon les critères sociaux de ce qui fait notre bonheur, je devrais l'être. Mais je ne ressens pas de joie, plus de plaisir, je ne me sens pas heureux. Comme si j'avais perdu ce choix, si je n'avais plus le droit à ce contrôle. Cette pensée d'avoir perdu l'équilibre malgré moi, et de ne pas savoir si je serai assez fort pour le reconstruire, me rend encore plus angoissé.*

*Étant thérapeute, spécialisé dans la gestion de l'anxiété et mordu de philosophie depuis longtemps, je sais pourtant qu'il n'y a pas vraiment d'explications à mon état et que finalement, peu importe les explications qu'il pourrait y avoir, ce qui compte, c'est de me remettre en mouvement, de me laisser du temps et d'accepter cette idée que mon état ne définit pas la personne que je suis ou que je serai, mais simplement une phase de ma vie nécessaire. Mouais, facile à dire quand on est « pas trop mal », au calme. Plus compliqué de relativiser quand la peur de mourir nous secoue les entrailles et que nos crises d'angoisse nous étranglent de leurs mains imaginaires. Quoi qu'il en soit, me voici reparti. J'adopte une stratégie, celle de faire de mon mieux et de décider que mon mieux est à réévaluer chaque matin. La différence est grande, je bascule enfin dans un état d'esprit en mouvement et sort de cet état d'esprit statique dans lequel mes idées noires et ma fatigue chronique m'avaient plongé.*

*Une de mes premières décisions est de reprendre rapidement une activité sportive collective, pour faire de nouvelles rencontres, pour ne plus me sentir aussi seul. Un ami me propose de rejoindre l'équipe de foot des vétérans du village. Les vétérans ?! Moi qui porte encore des casquettes Dragon Ball Z et qui me bagarre avec mon fils de 14 ans… La pilule est dure à avaler, mais elle reste bien plus séduisante que tous les anxiolytiques que j'aurais pu ingurgiter.*

*Revenons donc à septembre 2023, premier entraînement. Nous sommes une vingtaine sur le terrain et je ne connais que deux personnes. Moi qui habituellement (ou plutôt 20 ans auparavant…) occupais le poste de milieu offensif, je me retrouve à la place dont personne ne veut : celle de défenseur central. Au bout de quelques minutes de jeu, une personne entre sur le terrain, d'un certain âge, soixante ans environ. Il passe en trottinant à côté de moi, me serre la main et me dit : « Salut, je ne sais pas ce que je fous ici, ma femme ne voulait pas que je vienne, mais mon pote a insisté. » Il rigole et court se placer en attaque. Vingt minutes plus tard, alors que je suis loin de l'action, je vois quelques joueurs se regrouper. Je m'approche tranquillement, curieux, et m'aperçois que l'homme qui m'a salué est couché par terre.*

*« Personne n'a vu ce qui s'est passé ?*

*• Il s'est écroulé d'un coup.*

*• Il a dû se faire mal et prendre un mauvais coup. »*

*Chacun commente et cherche à comprendre. Je reste un peu à l'écart. La suite se déroule à mille à l'heure.*

*J'ai le pressentiment que quelque chose ne va pas, que ce qui se passe est bien plus grave que ce que nous sommes en train de supposer. Ce sentiment est peut-être lié à ce qui m'est arrivé plus jeune (je vous le raconte* *p. 89**). Quoi qu'il en soit, je me précipite et à genoux à ses côtés, je crie : « Oh, il faut masser là ! »*

*Je commence un massage cardiaque, et dans ma tête, tout se mélange. J'ai peur de mal faire, de me faire des idées et que tout ça ne serve à rien et en même temps, c'est comme s'il n'y avait pas de doute possible : je suis juste au bon endroit au bon moment et je fais ce que je dois faire. Le temps se fige. Les autres suivent le mouvement et s'organisent pendant que je continue à masser. J'ai passé mon brevet de secourisme il y a des années, mais je ne me souviens de rien, si ce n'est du rythme, calé sur la chanson* Staying Alive *des Bee Gees. Je vous laisse imaginer, à cet instant, le cocktail délirant qui est en train de me secouer les méninges : un mélange d'images, entre paillettes et corbillard. Mes pensées sont glauques et hilarantes, peu adaptées à la scène dramatique qui est en train de se jouer et dont je suis un des acteurs principaux !*

*L'adrénaline commence à m'envahir alors que j'essaie, au contraire, de faire preuve d'un calme presque méditatif. Et puis, au bout de quelques minutes, un premier râlement : il est vivant. On apporte un défibrillateur. Le « doc » qui joue avec nous et qui était parti quelques minutes avant l'incident est revenu, le cauchemar se transforme en soulagement quand les pompiers arrivent à leur tour et que la personne respire à nouveau.*

*« Vous lui avez sauvé la vie », me balance l'un d'entre eux.*

*Je ne réalise pas ce qui vient de se passer et je n'ai aucune conscience de ce que je viens de faire. Tout semble encore irréel. Pourtant, je l'ai fait.*

*Arrivé chez moi, je m'effondre en larmes. Je me sens vide, mais profondément heureux.*

*Moi qui, quelques jours auparavant, vivais avec la peur de mourir, je viens de me confronter à ce que je crains le plus, et tout s'est bien terminé. Belle leçon.*

*Cet événement a totalement bouleversé ma vie…*

Bon, premier chapitre, première anecdote, et là, vous vous dites : « Le mec a placé la barre très haut, soit il va traverser la Manche en slip tout en sauvant une famille de bébés chats de la noyade dans les prochains chapitres, soit c'est un véritable mytho et le seul truc sur lequel il a fait du bouche-à-bouche dans sa vie, c'est le poster de Cindy Crawford accroché dans sa chambre quand il avait 12 ans… » Je vous rassure, ni l'un ni l'autre.

J'ai choisi de vous raconter ce passage de ma vie, car, si pour beaucoup, mon geste a quelque chose d'héroïque, pour moi, il n'en est rien. Je suis fier, ça oui, mais je pense n'avoir rien fait de spécial, je ne ressens aucun mérite. Qu'aurais-je ressenti si je n'avais rien pu faire ? Comment les autres m'auraient perçu s'il n'y avait pas eu de *happy end* ?

Ces questions en soulèvent beaucoup d'autres : Qu'est-ce qu'un héros ? Par quoi est-il défini ? Est-ce par le résultat de ses actes ? Est-ce par le fait de passer à l'action ? Par son courage ? Son histoire ? Un héros a-t-il nécessairement confiance en lui ? Un héros ressent-il de la peur ?

Difficile d'apporter une définition précise, d'adopter un point de vue unique sur ce qu'est un héros. J'ai cependant une conviction profonde : chacun d'entre vous est un héros qui s'ignore et nous allons voir pourquoi.

## Cette vie dont vous êtes le héros

De la mythologie grecque aux superhéros contemporains, en passant par Chuck Norris, Indiana Jones ou Mike Horn, le héros incarne le dépassement de soi, le courage de faire face à l'adversité, la force de repousser ses limites. Le héros est à la fois une source d'inspiration et d'admiration. Il est celui qui sait faire preuve de combativité tout en gardant en lui une certaine forme de vulnérabilité. Car oui, si le héros semble courageux et tout-puissant, ce qui le caractérise également, c'est son talon d'Achille, sa solitude, son manque de contrôle sur ses propres capacités, ses parts d'ombre envahissantes qui l'obligent à porter un masque et à se cacher par peur de représailles. Qui n'a pas rêvé, enfant, de porter un slip rouge par-dessus son pyjama tout en faisant des bonds dans son jardin pour simuler un décollage supersonique ? D'aller à l'école avec un masque et des oreilles de chauve-souris ? De tripler de volume et de porter un vieux bermuda tout déchiré dans une bagarre de cour de récré ? Ou encore, d'enfiler un vieux survêtement orange, sans manche, avec une paire de boots bleu marine tout en étant coiffé de mèches assez pointues pour crever des yeux ? Bon, c'est vrai, vu comme ça, nos superhéros ne sont pas très branchés niveau mode, mais, quoi que l'on puisse en penser, les héros sont bien plus proches de nous que ce que l'on pourrait imaginer. En réalité, la plupart des récits mythologiques, bandes dessinées ou films mettant en scène des super-humains ne sont que des représentations exagérées, fantasmées, de nos réalités quotidiennes. L'image du héros, bien qu'inspirante, n'est pas seulement réservée aux exploits surhumains ou aux grands combats.

**Chaque individu, dans son parcours personnel, est le héros de sa propre vie.**

Être un héros n'implique pas nécessairement d'affronter des monstres venus de l'espace ou des cataclysmes. L'héroïsme est avant tout une métaphore de nos transformations intérieures, des épreuves que nous devons traverser tout au long de notre évolution. La vie est faite de défis à relever, de décisions lourdes à porter et, tout comme les héros que nous adorons, nous devons faire preuve de courage, de persévérance, de résilience et de combativité. Se relever après un échec, se lever tout court, chaque matin, en sachant que la journée que l'on s'apprête à vivre n'est pas celle que l'on espérait. Chacun d'entre nous, à sa manière, est appelé à vivre son propre voyage héroïque. L'objet de cette quête est de savoir écouter ses propres capacités, de reconnaître que chaque obstacle représente également une opportunité[7]. Finalement, notre développement personnel n'est qu'une succession de petits et grands moments de dépassement de soi.

Dans cette perspective, ce qui définit le héros est sa capacité à apprendre, à évoluer, à se transformer sans cesse jusqu'à son dernier souffle.

## L'héroïsme du quotidien

Je me souviens de cette patiente, dont, bien entendu, je ne donnerai pas le prénom, mais appelons-la Monique – ah non, ça c'est son vrai prénom, changeons pour Sophie (du coup, j'ai donné son vrai prénom, ou pas, je vous laisse avec le doute…).

7. Pour les Chinois et les Japonais, le mot crise est constitué de deux idéogrammes *Wei* (danger) et *Ji* (opportunité). Le paradoxe d'une crise tient de sa situation difficile qui permet de saisir de nouvelles opportunités.

Bref, Sophie m'explique qu'elle manque de confiance en elle et qu'elle rencontre des difficultés dans son nouveau couple à cause de son autorité excessive et de ses crises de colère régulières. Elle m'explique qu'elle élève seule ses trois enfants depuis son divorce. La séparation a été longue et douloureuse, car la relation était toxique, son ancien compagnon étant violent et manipulateur. Je vous passe les détails, ils seront dans mon prochain livre : *Carnets d'un thérapeute qui se moque de la déontologie et qui balance sur ses patients* »… – Non, je les aime trop pour ça. Ce qui me touche chez Sophie, c'est le courage dont elle fait preuve pour surmonter tout ça, pour faire face à toute cette violence psychologique, verbale et même physique, tout en restant attentive et protectrice vis-à-vis de ses enfants. Pourtant, elle ne supporte pas de s'entendre dire qu'elle est courageuse. Elle n'estime pas avoir confiance en elle et l'image qui lui vient lorsque je lui demande de se décrire est à l'opposé des actes et des décisions qu'elle doit prendre chaque jour.

Une des raisons pour lesquelles Sophie n'aime pas cette idée de courage dont elle fait preuve, c'est qu'elle l'associe à la vulnérabilité, à SA vulnérabilité, celle qu'elle accuse inconsciemment d'être responsable de l'échec de sa précédente relation et de la souffrance qui en découle sur elle et ses proches. En y réfléchissant, il y a une certaine logique, en termes de perception, sur le lien qui existe entre le courage et la vulnérabilité. Le courage n'est-il pas ce qui définit la capacité du héros à surmonter sa propre vulnérabilité ? La vulnérabilité n'est-elle pas une des conditions indispensables pour percevoir le courage chez une personne ? Lors de sa traversée de l'Arctique à ski en 87 jours, combien de fois Mike Horn s'est-il senti vulnérable ? Un bon nombre de fois, j'imagine, mais sans cette mise en danger, son exploit aurait-il été accueilli avec autant d'héroïsme ? Il n'y a qu'à voir le nombre de polémiques autour de l'ascension de l'Everest par le YouTubeur Inoxtag pour s'en rendre compte, en imaginant les moyens importants (financiers, techniques, humains) pour l'aider dans son objectif, certains doutent des efforts réels qu'il a pu faire. Le sentiment que ces compassions matérielles lui ont permis de protéger sa vulnérabilité, en contrôlant à la fois les efforts et le danger, minimise le résultat de son investissement. À travers ces deux exemples, on peut se rendre compte que ce qui définit le héros, c'est aussi sa capacité à faire face à sa propre souffrance, pour aller au bout de sa quête.

Pour en revenir à l'histoire de Sophie, il fallait qu'elle accepte que sa souffrance ne dépende pas de sa vulnérabilité, mais de la situation toxique et de certains éléments extérieurs qu'elle ne pouvait pas contrôler. Sans confiance en elle, sans courage, elle n'aurait jamais eu la force de survivre à tout ça et se serait écroulée.

Une des capacités que Sophie a dû développer pour affronter les difficultés, c'est la combativité. Face aux nombreux conflits, confrontée à l'agressivité de son ancien compagnon, pour se protéger et mettre en sécurité ses enfants, elle a enfilé, malgré elle, un nouveau costume, un nouveau masque, celui d'une femme forte, autoritaire, qui ne se laisse pas marcher dessus. Une sorte de Wonder Woman improvisée lui ayant permis de continuer à avancer, jusqu'à retrouver un équilibre. Le problème est que, après que le cerveau a associé un costume à une situation ou un environnement, il est difficile de lui faire comprendre qu'il doit laisser ce costume au placard. Difficile de lui faire accepter qu'il est temps de raccrocher les gants. Donc, quand Sophie s'engueule avec son nouveau compagnon, c'est toute la combativité de Wonder Woman qui ressurgit ! Et là, bonjour les dégâts, car Kévin (je sais, je manque d'imagination…), son copain actuel, n'est pas du tout branché l'agressivité, il est plutôt discussions pacifiques et gros câlins !

Pour reprendre notre travail sur l'ombre et la lumière, l'intention de Sophie dans son ancienne relation, que beaucoup percevaient comme de la combativité, est maintenant perçue comme de la colère ou de l'agressivité, car l'environnement a changé et le résultat de son intention n'est plus celui escompté.

Si on devait prendre un exemple chez nos amis les héros, nous pourrions prendre celui de Hulk, ce gros bonhomme tout vert et toujours en colère. Enfin, pas toujours… Imaginez Hulk sur un champ de bataille, hurlant sur tout ce qui bouge, fracassant la tête de tous les ennemis qui s'apprêtent à faire du mal aux enfants cachés dans l'école maternelle en bas de la rue… Diriez-vous qu'il est en colère ou diriez-vous qu'il est combatif ? Penseriez-vous qu'il est un héros ou qu'il s'agit juste d'un gars très agressif ? Prenons maintenant le même personnage, avec le même comportement combatif et déplaçons-le dans cette fameuse école maternelle… Il frappe partout, hurle sur les enfants, bref, un véritable cauchemar ! Est-il toujours un héros ? Ou, pour le coup, un fou furieux à enfermer d'urgence ! Vous avez compris où je veux en venir : beaucoup de ce que nous n'aimons pas chez nous, que nous souhaitons combattre ou que nous rejetons, n'est en réalité qu'une capacité que nous ne mettons pas à profit dans le bon environnement, ou que nous utilisons, malgré nous, avec une trop grande intensité.

Nous ne vivons pas tous la vie de Sophie, et encore moins celle de Hulk, nous adoptons en revanche les mêmes mécanismes en ayant parfois des perceptions erronées des actes héroïques que nous accomplissons chaque jour. En minimisant l'impact de nos actions ou l'importance de nos décisions quotidiennes, en ne prenant pas le temps de voir avec objectivité les efforts que nous réalisons, ou en comparant ces efforts avec ceux que nous pourrions voir sur Internet, c'est notre estime de nous-mêmes qui en prend un coup, sans parler du regard que nous portons sur notre niveau de confiance en nous… Proche de zéro la plupart du temps !

Finalement, l'histoire de Sophie, c'est un peu la vôtre aussi. Lorsque je lui pose cette question : « C'est quoi un héros pour vous ? », elle me répond : « Je ne sais pas, quelqu'un qui prend soin des autres, qui accomplit des exploits… » À ce moment-là, avant même de finir sa phrase, elle prend conscience d'une chose importante : ce qu'elle vient de décrire comme étant un héros, c'est ce qu'elle fait au quotidien et à cet instant, c'est l'intégralité de l'image qu'elle a d'elle-même qui se transforme.

Loin des exploits *made in Marvel*, loin des comptes mythologiques, l'héroïsme est présent dans l'ordinaire. C'est le courage silencieux de prendre soin de sa famille, d'élever ses enfants, d'aider un ami en difficulté, d'effectuer un travail qui ne nous convient pas toujours, de surmonter ses peurs quotidiennes. L'héroïsme, c'est la somme de tous ces actes non spectaculaires qui nous permettent de survivre et de nous lever chaque matin.

**Pour être un héros, l'essentiel n'est donc pas tant de chercher à le devenir, en accomplissant des miracles, en recevant la reconnaissance des autres pour nos performances surhumaines, mais bien de commencer par être reconnaissant de la valeur de tous ces petits actes que nous réalisons pour nous-mêmes et pour les autres.**

### Chercher son héros du quotidien

Si vous deviez identifier un héros dans votre entourage proche, de qui s'agirait-il ? Pour quelles raisons ? Quelles seraient les capacités qui font du lui ou d'elle un héros ou une héroïne ?

En ce qui me concerne, cette personne, c'est la femme de ma vie :

- Pour les moments difficiles que nous avons traversés ensemble.
- Pour les mots qu'elle sait trouver quand j'ai la joie d'un taxidermiste dépressif.
- Pour la force dont elle fait preuve quand la vie la met à l'épreuve.
- Pour son caractère aussi… (ça, c'est pour lui faire plaisir).
- Pour être à la fois une fille, une femme, une mère, une entrepreneuse, une personne formidable.
- Pour sa vulnérabilité.
- Pour son sourire, tout simplement.

## Le voyage introspectif du héros

Il y a quelques années, j'ai lu le livre : *Le Héros aux mille et un visages* de Joseph Campbell. Je l'avais repéré dans la bibliothèque de mon thérapeute et nous en avions parlé lors d'une séance. Ce livre fait aujourd'hui partie de mon *top five* ! Je l'ai constamment à portée de main. Il s'agit un peu de la bible des récits mythologiques. Dans ce livre, Joseph Campbell propose l'idée que tous les mythes, légendes ou récits héroïques sont composés d'une même structure de base, universelle, qu'il nomme « monomythe » ou

« voyage du héros ». Ce qui est intéressant dans son approche et son travail de recherche, c'est que ce cadre narratif ne concerne pas seulement les héros de fiction ou de légendes, mais également nos vies de simples mortels en s'appliquant à notre propre développement personnel.

En reconnaissant dans notre propre parcours les différentes étapes clés de ce modèle, nous serions alors à même de traverser avec une meilleure compréhension de nous-mêmes les grands moments de transformation de nos vies. Que l'on s'appelle Ulysse, Peter Parker, Luke Skywalker, Sophie, Kévin ou (mettez votre prénom ici), la structure narrative de nos vies est identique à quelques détails près. L'expression « Mille et un visages » évoque alors le fait que, si l'histoire de notre vie, nos expériences, les personnes que nous rencontrons sont différentes de celles de notre voisin ou de nos héros préférés, les leçons que nous tirons de ces expériences et de ces rencontres sont assez similaires. Le héros, peu importe le costume ou le masque, est un archétype. Il incarne la quête d'une vie humaine, celle de la transformation et du dépassement de soi.

Joseph Campbell met également en évidence la nature cyclique de ce voyage. Pour vous expliquer cette idée, prenons comme exemple une des plus grandes sagas de la littérature et du cinéma : *Le Seigneur des anneaux*. Qu'il s'agisse de Bilbo ou de Frodon, tous les deux démarrent leur quête par le départ de ce que Joseph Campbell appelle « le monde ordinaire », et que nous pouvons très facilement assimiler à leur zone de confort. Chacun décide un jour de quitter ce qu'il a de plus cher, de laisser derrière lui tout ce qui lui est familier, tout ce qui représente une sécurité, pour se lancer dans l'inconnu et se tourner vers le monde extérieur, vers l'extraordinaire. Au fur et à mesure des épreuves, nos petits Hobbits vont apprendre du monde, et aussi d'eux-mêmes. Eux qui n'avaient pas plus confiance en eux qu'une truite dans de l'eau salée vont peu à peu augmenter leur niveau de confiance, leur permettant ainsi de prendre de plus en plus d'assurance. Une fois leur aventure achevée, ils reviennent, transformés, dans leur vie d'origine. La boucle est bouclée et le cycle ne représente pas seulement les expériences vécues de l'extérieur, mais également leur voyage intérieur. Ce qui est intéressant dans cette approche, c'est que l'on pourrait associer cette image à des moments difficiles de nos vies et ainsi les appréhender non pas comme des fatalités, ou des points de chute, mais comme des voyages desquels nous sortirions transformés.

Avec du recul, ce qui m'a permis de ne pas sombrer lors de ma dépression, c'est aussi le fait de garder cette idée en tête. Avoir cette pensée effrayante, mais rassurante, que ma dépression ferait de moi quelqu'un d'un peu différent. Je savais que je ne pouvais pas maîtriser tous les paramètres de ce voyage, que je ne pouvais pas prévoir exactement la date de retour, mais je pouvais au moins choisir une chose, l'attitude que je souhaitais adopter face à cette situation qui me terrifiait, tout en sachant que quoiqu'il arrive, je ferai tout pour retrouver un jour mon monde ordinaire, celui que j'avais, peut-être, inconsciemment, chercher un jour à fuir. Ces périodes de nos vies nous permettent de plonger très profondément dans nos ombres, de regarder droit dans les yeux nos vulnérabilités. Qu'il s'agisse d'événements extérieurs que nous ne pouvons pas contrôler, ou de grandes décisions que nous devons prendre, ces voyages soulèvent de grands bouleversements internes, ils secouent notre psyché, il sont de véritables processus de développement psychologique nous permettant de reconstituer, petit à petit, toutes les parts de ce que nous sommes, afin d'atteindre, un jour, une version plus complète et plus équilibrée de nous-mêmes.

En bref, si le voyage de votre vie était une traversée en bateau, vous devriez faire face à toutes les tempêtes, vous manqueriez parfois de nourriture ou d'eau, vous vous sentiriez souvent seul. Chaque difficulté ponctuelle serait à la fois une source d'inquiétude et de stress sur l'instant, mais aussi le meilleur des apprentissages pour surmonter les difficultés suivantes. Les moments d'accalmie seraient synonymes de sérénité, vous pourriez alors profiter de la chaleur du soleil, admirer ses reflets brillants caresser l'horizon, tout en ressentant un profond sentiment de liberté. Pourtant, dans ces moments, votre bateau serait immobile, il n'avancerait pas et au bout de quelque temps, la moindre brise dans vos cheveux (désolé pour les chauves dont je fais partie...) vous ferait presque espérer une autre tempête. L'idée d'être un bon marin ne serait alors pas rattachée à la taille de votre bateau, aux conditions météorologiques, à vos peurs, vos doutes, votre confiance en vous, ou même à votre expérience. Elle dépendrait seulement de votre attitude face à tout cela et de votre capacité à maintenir votre cap.

Quoi qu'il en soit, que vous ayez le pied marin, ou non, vous pouvez utiliser cette structure narrative universelle du « voyage du héros » pour porter un regard différent sur vos propres épreuves et les percevoir comme des étapes clés de transformation plutôt que des obstacles infranchissables dont la seule finalité serait la souffrance ou l'insécurité. Chacun d'entre nous est appelé, parfois de façon soudaine et imprévue, à quitter sa zone de confort, et nous devons alors garder à l'esprit que tous les défis que nous rencontrerons sont aussi des occasions de mieux redéfinir l'image que nous avons de nous-mêmes.

## Partir en voyage… du héros

Je vous propose un petit exercice. En reprenant quelques-unes des étapes clés du « voyage du héros », vous allez identifier une ou plusieurs épreuves que vous avez dû ou que vous devez affronter. L'objectif est de travailler sur la perception que vous avez de vous-même face à ces épreuves, d'explorer vos ressources disponibles et enfin, d'ancrer l'idée d'une transformation positive. Tout un programme ! Je vous rassure, pour cet exercice, pas besoin de préparer votre sac à dos et d'enfiler vos chaussettes en laine mérinos, enfin, sauf pour celles et ceux qui habitent aux alentours de Chartres et qui comptent faire ce travail en extérieur. Le taux d'humidité dans cette région étant proche de celui d'une couche pleine d'un enfant de 2 ans, mieux vaut vous équiper… Pour les autres, un stylo et une feuille suffiront. Alors, prêt pour l'aventure ? Répondez aux questions suivantes :

Étape 1 : L'appel à l'aventure

• Question : Quelle situation récente ou actuelle représente pour vous un « appel à l'aventure » ? Cela peut être une difficulté personnelle, une transition de vie ou un désir de changement.

• Consigne : Décrivez en quelques lignes cette situation, en expliquant pourquoi elle vous pousse à réfléchir, à changer, ou à réagir. Notez les émotions qui émergent ainsi que les parts de lumière présentes chez vous et qui vous permettraient de répondre à cette aventure.

Étape 2 : Le refus de l'appel

• Question : Avez-vous ressenti une résistance ou une peur face à ce changement ou cette épreuve ?

• Consigne : Identifiez les pensées qui freinent votre élan (ex. « Et si j'échoue ? », « Je ne suis pas capable », etc.). Notez les parts d'ombre présentes chez vous qui pourraient vous empêcher de partir à l'aventure.

Étape 3 : Identifier votre mentor

• Question : Y a-t-il quelqu'un dans votre vie qui peut vous apporter un soutien, des conseils, ou simplement une écoute bienveillante ? Avez-vous un héros, un modèle qui, à votre place, serait capable de répondre à cet appel à l'aventure ?

• Consigne : Si vous avez une personne en tête (ami, thérapeute, membre de la famille, personnage de fiction), imaginez ou notez les conseils qu'il ou elle pourrait vous donner face à votre épreuve. Notez les parts de lumière présentes chez cette personne qui vous sembleraient indispensables d'acquérir pour vous lancer.

Étape 4 : Les épreuves et les défis

• Question : Quelles sont les épreuves principales que vous avez déjà affrontées, ou que vous redoutez dans ce parcours ?

• Consigne : Notez les défis concrets ou psychologiques que vous avez rencontrés ou que vous anticipez. Pensez à des ressources ou des stratégies qui vous ont aidé dans le passé à surmonter des difficultés similaires.

Étape 5 : La transformation

• Questions : Comment cette aventure pourrait vous transformer de façon positive ? Comment saurez-vous que vous avez évolué ? À quoi ressembleriez-vous une fois cette aventure accomplie ?

• Consigne : Écrivez en quoi cette expérience pourrait vous changer positivement. Notez les nouvelles compétences, croyances ou perspectives que vous espérez acquérir. Pour faciliter la visualisation, imaginez-vous avec ces qualités dans une situation quotidienne future.

Étape 6 : Le retour

• Question : Comment pourriez-vous intégrer les leçons apprises dans votre quotidien et auprès des autres ? Comment pourriez-vous transmettre ce que vous avez appris lors de cette nouvelle expérience à d'autres personnes en difficulté ?

• Consigne : Imaginez et écrivez comment vous pourriez partager cette transformation avec votre entourage ou dans vos actions quotidiennes. Notez les petites actions qui pourraient renforcer ce nouveau « vous ».

## La confiance du héros

Dans un monde où le sujet de la confiance en soi fait partie du top 5 des recherches en développement personnel, et dans lequel nous évaluons maladroitement notre niveau de confiance en nous par rapport à celui d'un gars qui saute de plus de 30 mètres de haut dans un trou d'eau pas plus large qu'une bouée en forme de donuts (Oulala...vous avez la réf ? Moi oui, c'est l'essentiel), nous nous devons de nous poser cette question : les héros ont-ils toujours confiance en eux ?

**_A priori_, étant donné que la plupart d'entre nous associent la notion de confiance en soi aux résultats plus ou moins extraordinaires que nous réalisons, nous pourrions en déduire que plus le résultat d'une action est incroyable, plus la personne qui l'a réalisée doit avoir une grande confiance en elle, et que par déduction, les héros ont tous une grande confiance en eux. _Spoiler alert_ : absolument pas !**

Vous vous souvenez de notre petite introduction sur la confiance en soi et l'estime de soi, dans laquelle je vous explique

que la confiance en soi c'est comme un muscle que l'on entraîne à devenir plus fort ? Eh bien, pour les héros, c'est exactement la même chose.

Enfin, sauf pour ceux qui sont totalement inconscients de leurs actes, à moitié névrosés ou accros à des substances dont je ne prononcerai pas le nom dans ce livre. Dans la liste, on pourrait citer : Peter Parker, *alias* Spiderman, qui, au début de ses aventures, dispose d'une confiance en lui proche du rivage de la mer Morte. Harry Potter et son syndrome de l'imposteur. Superman qui, malgré ses capacités surpuissantes, a toujours peur de faire du mal aux autres et qui se cache derrière une mèche et une paire de lunettes bon marché. Tony Stark, *alias* Iron Man, qui dissimule son sentiment d'impuissance et sa peur de la mort derrière une arrogance à toute épreuve et des gadgets dernier cri. Ou encore, Percy Jackson et sa peur de ne jamais être à la hauteur, un comble pour un gamin dont le père siège sur le mont Olympe…

Ce qui définit le mieux un héros, ce n'est donc pas son niveau élevé de confiance en lui, mais plutôt ses capacités ordinaires qui lui permettent d'affronter ses doutes, ses peurs et ses vulnérabilités. Un héros, tout comme vous, ne se distingue pas par une confiance innée. Il construit cette confiance en lui dans l'incertitude et les épreuves. C'est en prenant des décisions, en passant à l'action, que le héros découvre ses réelles capacités, qu'il développe progressivement sa force et son affirmation de soi. La confiance en soi n'est donc pas quelque chose de figé, un point de départ ou un but à atteindre. La confiance en soi est un processus qui se développe tout au long de notre vie et qui se renforce au cours de chaque aventure.

Certains héros sont cependant perçus comme courageux, alors qu'ils n'ont aucune conscience de faire preuve de confiance en eux. Prenons le petit Harry Potter en exemple. Âgé de 11 ans à peine, le gamin doit déjà gérer plus de problèmes qu'un adulte occidental moyen. Sans parler du troll qu'il doit affronter ou de la famille déglinguée chez qui il est hébergé. Le petit n'a pas besoin de savoir qu'il a confiance en lui pour braver tous les dangers, il mise instinctivement sur les capacités qu'il a, malgré lui, développées. Ces capacités que l'on pourrait qualifier d'« accessibles » : la détermination, la résilience, l'empathie, l'altruisme, l'observation, etc. vont lui permettre d'agir de manière assez instinctive. La seule décision importante que le jeune Harry doit prendre tout au long de ses aventures est celle de se mettre en mouvement, de choisir la direction vers laquelle avancer. On retrouve cette idée dans la dualité constante qui le tourmente : choisir le bien, ou répondre à l'appel du mal. Une idée que l'on retrouve également chez nos amis Jedi (à prononcer « jet d'ail » et pas « jeudi »...). En gardant cette volonté en tête de faire le bien, en maintenant cette vision de lui qui représente un cap important, et en misant sur ses capacités ordinaires et acquises, le petit Harry deviendra le héros que l'on connaît et renverra l'image d'une personne ayant une grande confiance en elle.

À travers cet exemple, nous pouvons nous rendre compte, une fois de plus, que la confiance en soi n'est jamais le point de départ des aventures que l'on souhaite vivre, mais plutôt le résultat visible de l'addition des actions que nous mettons en place et des capacités déjà présentes chez nous, auxquelles nous faisons appel pour traverser ce long voyage qu'est la vie. Je sais, c'est beau. Et un peu long à digérer aussi, alors pour faire plus court, n'oubliez pas cette équation :

Niveau de confiance en moi (Ncm) = mes actions quotidiennes (aq) + mes capacités pour réaliser ces actions (ca),

soit Ncm = aq + ca

Facile non ? J'ai eu 5/20 en maths au bac, si je peux m'en rappeler, vous pouvez le faire aussi !

## LE BIAIS DE COMPARAISON SOCIALE

Baroudeur solitaire, « Wonder maman » entrepreneure, enfant prodige... La montée en flèche des réseaux sociaux et de l'accès à l'information dans notre quotidien a littéralement décuplé notre capacité à nous comparer aux autres. Le problème, c'est que, lorsqu'il s'agit de mettre une personne en avant sur la toile, on pense rarement au petit Jean-Michel, 14 ans, qui réussit l'exploit de prendre le métro tous les matins pour se rendre à l'école. En général, on préfère la petite Britney, qui a le même âge, et qui surfe tous les jours avec un banc de dauphins en Nouvelle-Zélande. Les images sont plus belles et l'histoire plus extraordinaire pour la majorité d'entre nous. Tous les matins, notre petit Jean-Mich' effectue son trajet, son téléphone à la main, abonné au compte de la petite Britney, il tombe de temps en temps sur une de ses vidéos incroyables et partage un peu son quotidien : un lever de soleil sur une plage de rêve, la jeune fille courant face à la mer au ralenti sur une musique envoûtante de Hans Zimmer... Et puis il arrive à destination, range son téléphone, lève la tête, se rend compte que son nez frôle depuis 30 minutes les aisselles d'un camarade plus grand et plus âgé que lui, pense que, dans sa vie, le soleil se lève tous les matins sans lui, et là, c'est petite dose de spleen avant de démarrer la journée. Jean-Michel jauge inconsciemment sa valeur personnelle par rapport à ce qu'il imagine de la vie de Britney, et tout dans sa vie lui semble bien fade.

Le biais de comparaison sociale, c'est donc ce biais qui nous incite à évaluer notre valeur et notre niveau de bonheur par rapport à celui des autres. Or, se comparer à son voisin, c'est une chose, mais se comparer à toutes ces personnes inspirantes ayant des vies hors du commun sur les réseaux peut nous faire percevoir notre propre réussite comme insuffisante, à sous-évaluer nos exploits quotidiens, ce qui aura inévitablement un impact négatif sur notre estime de nous-mêmes et notre confiance en nous. Nous pourrions également développer un besoin de reconnaissance démesuré.

Nos actes quotidiens n'auraient alors de valeur qu'à la condition d'être validés par les autres. Certains pourraient également se fixer des objectifs de vie trop élevés, inadaptés par rapport à leur équilibre quotidien, ou encore idéaliser des objectifs qui ne correspondraient pas réellement à leurs valeurs ou ce qui les rendrait vraiment heureux. Le plus fou dans tout ça, ce que notre petit héros du quotidien Jean-Michel ne sait pas, c'est que Britney craint de prendre le métro et que la simple idée de devoir le prendre peut créer chez elle de terribles crises d'angoisse. À méditer…

**Les techniques pour court-circuiter la comparaison sociale :**

• Recentrez-vous sur vos propres valeurs : faites une liste de trois à cinq valeurs importantes pour vous, puis notez en quoi elles orientent vos actions et décisions. Relisez cette liste régulièrement pour ancrer vos choix dans des critères personnels de satisfaction, et non dans la comparaison.

• Redéfinissez votre vision de l'extraordinaire : fermez les yeux et visualisez une scène où vous êtes confronté à une difficulté, mais où vous acceptez pleinement votre vulnérabilité. Imaginez que cette expérience est une forme d'héroïsme, et concentrez-vous sur les ressources internes (comme la résilience, l'humilité ou la combativité) que vous mobilisez pour traverser cette situation. Cette visualisation développe une image de soi positive et réaliste, sans dépendance à la reconnaissance extérieure.

## Le bonheur du héros

Il existe un parallèle évident entre la notion de bonheur et la quête du héros. La plupart du temps, le héros projette son bonheur dans l'objet de sa quête, son but ultime, pour lequel il est capable de se surpasser et de braver tous les dangers. La morale de toutes ses aventures nous rappelle au contraire systématiquement une chose importante : l'atteinte de l'objectif ne permet jamais au héros de devenir pleinement et définitivement heureux. En revanche, tout au long de sa quête, il va vivre des moments de pur bonheur, de joies immenses, à travers ses rencontres, en ressentant la satisfaction et la fierté après chaque épreuve traversée. Dans nos sociétés, le bonheur a d'ailleurs cette image de Saint-Graal, mais cette approche, tout comme le Graal dans la légende du roi Arthur, semble hors de portée. Elle donne l'image d'un bonheur insaisissable et nous mène parfois au doute. Arthur lui-même se demande si sa quête n'est pas vaine et si, tout comme Don Quichotte, il ne court pas, finalement, après des moulins à vent.

En adoptant une perception plus fine de ces histoires héroïques, nous pouvons nous apercevoir que si le héros part toujours chercher quelque chose d'extérieur, en projetant le sens de sa vie et de ce qui le rendra heureux dans l'accomplissement de sa quête, ce qui le rend vraiment héroïque et heureux, c'est surtout sa capacité à incarner pleinement ses propres valeurs, à s'engager dans ses aventures avec une totale authenticité et à se débarrasser, petit à petit, de toutes les choses futiles qui encombraient son esprit. Au fil de son parcours, il prend conscience de l'importance des petites choses présentes autour de lui, il apprend à savourer les moments d'une grande simplicité qui, avant sa quête, lui paraissaient insignifiants : un bon repas, une étreinte amicale, une nuit étoilée, un feu de cheminée, une petite attention… Toutes ces choses lui rappellent l'importance de sa zone de confort. Elles lui font comprendre à quel point elles représentent un sentiment de sécurité et au combien ce sentiment est important dans son équilibre de vie. Sa zone de confort n'est alors plus un lieu en particulier dans lequel il doit rester ou fuir pour être heureux, elle devient un élément indispensable pour survivre durant sa quête. Le héros peut l'amener avec lui et faire appel à elle lorsqu'il en ressent le besoin. Elle représente pour lui un puissant point d'ancrage lui permettant à la fois de trouver du réconfort ou de la reconnaissance, mais aussi de se rappeler d'où il vient et de se raccrocher à ses valeurs.

Dans beaucoup de récits, cette métaphore de la zone de confort est incarnée par l'acolyte, le compagnon du héros, ou un personnage proche de lui, qui l'accompagnent dans sa quête. Pour celles et ceux qui ont vu *Le Seigneur des anneaux*, vous savez que le véritable héros de l'histoire, c'est Sam ! Personnage d'une grande humilité, toujours là pour rattraper les erreurs et pour remonter le moral de son meilleur ami porteur de l'anneau unique. Nous pourrions aussi parler de Milou, compagnon fidèle de notre ami Tintin. Bien plus qu'un chien, il représente un véritable alter ego du célèbre journaliste aventurier. À la manière de Jimini Cricket, il incarne une conscience morale, une sensibilité dont est parfois dépourvu son maître blondinet. Vous pouvez vous amuser à chercher en quoi certains personnages secondaires de vos histoires préférées incarnent cette notion de zone de confort : Anna pour Elsa dans *La Reine des neiges*, le Dr Watson pour Sherlock Holmes, Ron pour Harry, R2D2 pour Luke…

Face aux adversités, dans ces longs moments où il est privé d'abondance, de richesse, et même parfois de choix, le héros apprend à trouver son bonheur dans la fragilité des rares instants de répit. Il développe sa joie dans le présent, conscient qu'il ne pourra pas prévoir avec certitude son avenir et la fréquence de ces instants. Son bonheur est alors toujours instable et imparfait, et c'est la somme de toutes les épreuves qu'il traverse qui lui permettra de mesurer toute l'importance de ces moments. Il comprend, une fois sa quête achevée, que le véritable bonheur ne se trouve pas seulement dans l'accomplissement, mais aussi dans l'aventure elle-même.

Ce que le héros projetait alors comme une condition inévitable pour trouver le bonheur (un objet sacré, une vengeance, une destination…) devient secondaire et ne représente plus que l'étincelle lui permettant de vivre les aventures qui, elles, développeront chez lui sa capacité à se saisir du bonheur là où il décide de le trouver. Le héros se rend alors compte que son besoin démesuré d'accomplissement masquait en réalité une peur viscérale de ne jamais être heureux. C'est en affrontant d'autres peurs, plus tangibles et mesurables, qu'il vaincra cette crainte profonde et pourra enfin ressentir cette idée que le bonheur ne se cherche pas, il se trouve là où on veut bien l'observer.

## L'outil bonus du héros

Cet outil est un de mes préférés et je l'utilise au moins une fois par jour ! Je l'adore, car il est très simple à utiliser. Il est adapté à tout le monde, aux petits comme aux grands et il fait appel à notre imagination et notre âme d'enfant. Surtout, il concerne un sujet qui nous prend tous la tête (c'est le cas de le dire) : **les pensées intensives ou pensées négatives.**

La technique est facile, explications : Pensez à un superhéros, une personne fictive ou réelle qui représente pour vous la sécurité, la combativité. Une personne capable de vous protéger si vous vous faites attaquer. Lorsqu'une pensée négative s'introduit dans votre tête, qu'elle commence à prendre trop d'importance et même générer d'autres pensées, imaginez que cette pensée se matérialise sous la forme d'un ennemi ou d'un objet qui vous agresse et placez-la à quelques dizaines de mètres devant vous. Faites alors appel à votre héros et placez-le entre votre pensée et vous. Imaginez maintenant que la ou les pensées attaquent et que votre héros vous défend, contrant chaque tentative, ripostant.

Mon héros à moi, c'est Bruce Lee ! Chaque fois que des pensées négatives s'invitent dans ma tête, je l'imagine en train de les faire valdinguer à grands coups de nunchaku !

Laissez-vous guider par votre imagination et pratiquez cette technique chaque fois que cela est possible, elle se renforcera avec le temps et vos pensées intrusives auront de moins en moins de temps pour vous angoisser.

Pour prolonger l'aventure, scannez le QR code ci-dessous :

# Chapitre 2

## La peur

**« Nous ne devons pas avoir peur de nous confronter... Du chaos naissent les étoiles. »**

Charlie Chaplin

*J'ai 5 ans environ, je me souviens être en train de jouer dans ma chambre, tranquillement. Je ne me souviens pas de la manière dont je me sens, mais j'imagine que, comme tout gamin de 5 ans grandissant dans un foyer rempli d'amour et d'attention, je me sens bien et en sécurité. Mon frère, plus jeune de 3 ans, joue dans sa chambre, quant à mon autre frère, qui n'a que quelques mois, il dort dans la chambre de mes parents.*

*En quelques secondes, le calme de la maison se brise. La maison s'agite. Je me sens envahi par un sentiment de panique, une sensation de tomber dans le vide, comme une mauvaise descente d'ascenseur. Je ne comprends rien de ce qui est en train de se passer, mais je comprends qu'il s'agit de quelque chose de grave. En un instant, en un battement de cœur, mon insouciance s'effondre et le scénario de notre vie familiale se réécrit. Mon plus jeune frère vient de mourir.*

*J'ai longtemps hésité à parler de cet événement dans ce livre. Surtout d'une manière aussi brutale, aussi brève. Et en même temps, c'est comme ça que je me souviens l'avoir vécu. Des fractions de souvenirs, de moments, qui se superposent jusqu'à l'oubli. Pendant longtemps, ce sujet est resté tabou dans ma famille. Si j'en parle, c'est parce que je retiens parfaitement la sensation de peur et d'insécurité que j'ai ressentie.*

*Pourquoi est-ce que mon cerveau garde autant en mémoire, et de manière aussi détaillée, cet événement et les heures qui ont suivi ? Pourquoi a-t-il fabriqué, avec le temps, des images, des sons, des souvenirs qui ne sont peut-être pas réels ? Je me souviens de la panique de mes parents, de la terreur et de l'impuissance dans leurs yeux. Je revois notre amie infirmière arriver en catastrophe et ce livre que je garde avec moi, enfermé dans ma chambre pendant tout ce temps. Un cerf sur sa couverture. Ironie de la vie, quand on sait à quel point j'aime aujourd'hui cet animal qui tient une place centrale dans mon cabinet. Je me rappelle l'image de mon plus jeune frère, immobile et paisible dans son berceau et de la terreur qui s'agitait autour de lui. Et puis, je pars avec mon frère. Quelqu'un nous emmène loin de tout ça, probablement chez ma tante. Ce souvenir, lui, reste assez flou. Et à partir de là, plus rien. Plus de souvenirs de ce jour noir. Je ne me souviens plus des mois qui ont suivi, mais particulièrement d'une seule scène.*

*Toute la famille est là à mon retour de l'école : mes parents, grands-parents, mes tantes. Habillés en noir, assis dans le salon. Je garde cette vague image en tête. Parmi toutes ces visions, ancrées dans ma mémoire, lesquelles se sont réellement passées ? Lesquelles ont été amplifiées, déformées ? Je n'en sais rien.*

*Il y a quelque chose d'injuste pour mes parents, pour mon autre frère et pour moi, quelque chose de terrible à construire, le reste de sa vie, en subissant les mauvais côtés de notre mémoire sélective. Pourquoi ces souvenirs sont-ils plus forts que tous les beaux moments que j'ai pu partager et vivre lorsque j'étais enfant. Il y a forcément une raison, qu'elle soit biologique, psychologique ou même qu'elle représente une nécessité pour mon évolution. Peut-être existe-t-il également une raison plus spirituelle, quelque chose que l'on ne devrait pas chercher à expliquer ? Quoi qu'il en soit, je sais aujourd'hui que cet événement a joué un rôle clé dans mon développement personnel.*

*On associe souvent les épreuves que l'on traverse aux traumas à l'origine de nos blessures et à ce qui nous empêche d'être heureux. On oublie d'observer à quel point ces épreuves transcendent aussi nos capacités. Être confronté, si jeune, à quelque chose d'aussi terrifiant a bouleversé mon rapport à la peur. La thérapie par exposition, lorsque l'on travaille avec les thérapies comportementales et cognitives (TCC), permet de créer une exposition progressive à ce qui représente pour le patient une peur, une phobie, une source d'anxiété. Cette exposition permet de nous réconcilier progressivement avec l'objet de nos peurs. Il s'agit d'un processus long et réfléchi. Mais lorsque l'on s'expose avec autant de violence à la pire des insécurités, on brûle forcément les étapes, on fait un bond immédiat en avant et toutes les peurs que l'on considère comme « moins pires » peuvent devenir insignifiantes et surmontables.*

*Ce jour a forcément contribué à créer chez moi cette capacité que j'apprendrai à nommer, plus tard, la résilience. Et comme nous l'avons vu avec le travail sur l'ombre et la lumière (p. 43), cette capacité a laissé grandir une part d'ombre qui, dans mon parcours professionnel notamment, me posera de gros problèmes : le laxisme.*

*Le schéma est simple à comprendre, d'un côté, je dois faire face à une situation de détresse inimaginable pour un enfant. Je ne comprends pas tout de ce qui se passe, mais une part de moi, mon inconscient, mesure la froideur de mon ressenti. Il sait qu'il doit agir vite pour me protéger. Le mécanisme biologique de la peur, que nous allons voir dans les prochaines lignes, nous laisse un choix bien maigre : fuir ou combattre. Mais dans une telle situation, il n'y a pas grand-chose à combattre ou à fuir. Notre inconscient va alors adopter symboliquement le mécanisme de fuite et faire « comme si ». Vous connaissez sûrement ce principe que l'on appelle « faire l'autruche », c'est-à-dire celui de tromper ses sens en niant l'évidence d'une situation ? Avant toute chose, il ne faut pas oublier qu'il s'agit d'un mécanisme de défense nécessaire à notre survie. Et lorsque l'on parle de survie, on touche aussi à notre santé mentale.*

*C'est donc cette fuite psychologique que mon cerveau a choisi d'adopter pour me protéger. En déclenchant ce mécanisme et en renforçant cette capacité, j'ai alors développé un comportement similaire dans des situations dans lesquelles je me sentais en danger alors qu'elles n'en représentaient pas un réellement. En continuant à faire l'autruche, je me suis mis dans des situations parfois compliquées : un courrier de l'URSSAF ? Pas grave, on met ça de côté. Une amende à régler ? Ça va, ils peuvent attendre un peu. Une dispute avec ma femme ? Avec le temps, ça passera... Je vous garantis que j'ai appris de mon laxisme bien plus que de ma résilience ! Il s'agit pourtant de deux mécanismes identiques que l'on perçoit de deux manières différentes en fonction des situations. Revenons au sujet...*

## Pourquoi la peur

À notre époque, celle des êtres humains modernes, civilisés, stressés et accros aux écrans, la peur est majoritairement représentée comme une émotion négative, comme une chimère imprévisible surgissant des profondeurs de notre être pour nous empêcher de vivre. Avoir peur, c'est mal. La peur nous empêche de vivre nos rêves, et on associe le mot à tout ce qui pourrait représenter un problème ou un frein à une vie heureuse : peur du regard des autres, peur de mal faire, peur de réussir, peur d'échouer, etc. On considère presque la peur comme un élément extérieur, un ennemi tapi dans l'ombre, dont la principale mission serait de nous mettre des bâtons dans les roues et nous saper toute volonté quoique l'on entreprenne.

En réalité, la peur arbore plusieurs visages. Elle se manifeste tout au long de notre vie sous diverses apparences, de différentes manières, parfois évidentes et parfois un peu moins. Un vrai caméléon qui opère à différents niveaux et joue un rôle bien précis, que ce soit dans l'évolution de notre espèce ou dans notre propre développement. Si on y regarde de plus près, on se rend compte qu'elle n'est pas simplement là pour nous plomber le moral ou nous filer des sueurs froides. En réalité, elle nous protège et nous aide à naviguer dans ce monde qui, avouons-le, est un sacré bordel.

Je vous propose maintenant de plonger dans le monde de la peur et de l'étudier sous ses différentes formes. En comprenant d'où elle vient, en décortiquant ses mécanismes et la manière dont elle impacte notre quotidien, vous aurez ainsi une nouvelle clé vous permettant de vivre mieux et qui sait, peut-être, de faire de votre peur votre meilleure ennemie.

## La biologie de la peur

À toujours vouloir combattre nos peurs, on en oublie que nos systèmes biologiques et cognitifs sont aussi câblés avec cette fonction. Si on devait comparer notre corps tout entier à une voiture moderne, nos peurs ne feraient pas partie du moteur, ni du système de guidage, ni de la carrosserie, mais plutôt du système de sécurité. Plus précisément, il s'agirait d'un voyant ou d'une alerte sonore. En voyant les choses de cette manière, si un voyant s'allume en rouge dans votre voiture, ou si une alarme se déclenche pendant plusieurs minutes à vous faire saigner les oreilles, passeriez-vous plus de temps à taper avec votre point sur le tableau de bord pour essayer d'éteindre ce qui vous dérange ou essayeriez-vous plutôt de comprendre ce que cette alerte signifie ?

Il en va de même pour nos peurs. Quand cette émotion se déclenche, c'est que tout notre organisme envoie un signal face à une situation précise qu'il associe à un danger. Allez, je sais que vous en mourez d'envie, retour dans vos belles années de collège, petit cours rapide de biologie pour vous expliquer comment ça fonctionne…

Tout d'abord, et quelle que soit l'importance qu'on lui accorde, la peur est avant tout une émotion primaire dont la fonction principale consiste à jouer un rôle crucial dans notre survie. En activant toute une série de processus neurologiques et physiologiques, impliquant plusieurs structures cérébrales et mécanismes corporels (je sais, cette phrase fait vraiment pro, mais faut bien que je cale quelques trucs sérieux dans ce bouquin), la peur mobilise notre corps face à ce qu'elle considère comme un danger. Laissez-moi vous présenter les principaux responsables, toujours au niveau biologique, de vos peurs. Pour cela, nous allons les classer en trois temps.

## Premier temps : la réponse immédiate

### L'amygdale

L'amygdale est le centre névralgique de la peur dans le cerveau. Sorte de petite amande située dans le lobe temporal, elle évalue les situations potentiellement menaçantes, pas toujours avec justesse, je vous l'accorde. Lorsqu'une situation est perçue comme dangereuse, l'amygdale s'active et envoie des signaux à d'autres parties du cerveau pour orchestrer une réponse rapide. On appelle cela une **réponse automatique** ou réflexe de survie.

### Le système nerveux autonome

Vient ensuite le système nerveux autonome, plus précisément sa branche sympathique. Ce dernier provoque une série de réponses physiologiques connues sous le nom de réponse « combat ou fuite », « *fight or flight* » pour les fans de Jean-Claude Van Damme (JCVD pour les intimes). Le cœur bat plus vite, la respiration s'accélère, les pupilles se dilatent, et le sang est redirigé vers les muscles pour permettre une réaction physique rapide. Ces changements préparent le corps à se défendre ou à fuir. Comme dirait un rappeur bien connu : simple, basique.

### Le rôle de l'hypothalamus et du cortisol

L'amygdale lance ensuite l'activation de l'hypothalamus, qui stimule l'axe hypothalamohypophyso surrénalien (moi aussi, je m'y suis pris à trois fois pour le relire). Cet axe conduit à la libération d'hormones de stress, notamment l'adrénaline et le cortisol, depuis les glandes surrénales. L'adrénaline intensifie la réaction immédiate (accélération du rythme cardiaque, par exemple), tandis que le cortisol aide à maintenir cet état d'alerte si la menace persiste.

## Deuxième temps : l'analyse

### Le cortex préfrontal et la régulation de la peur

Alors que l'amygdale est responsable de la réponse émotionnelle immédiate, le cortex préfrontal, situé à l'avant du cerveau, intervient pour analyser la situation de manière plus rationnelle et permettre une régulation des émotions. Il aide à calmer la réaction de peur en inhibant l'amygdale si la situation est jugée sans danger. Par exemple, c'est ce qui se passe lorsqu'on se rend compte que le hurlement qu'on vient d'entendre n'était en fait que notre conjoint qui vient de marcher sur un Lego…

## Troisième temps : La mémoire

### L'hippocampe et la mémoire de la peur

L'hippocampe, une structure impliquée dans la mémoire, travaille de concert avec l'amygdale pour enregistrer les événements effrayants. Cela nous permet de nous souvenir des dangers passés afin de les éviter à l'avenir. C'est en partie ce petit mécanisme qui fait qu'on se retrouve à l'âge adulte avec des peurs devant lesquelles, même un enfant de 4 ans pourrait faire face.

Prenons un exemple : la petite Brigitte[8], 7 ans, adore les animaux. Un jour, alors qu'elle se balade en ville avec sa mère, elle aperçoit un truc qui court au loin. Ce truc se rapproche de plus en plus et la petite Brigitte commence à sentir son cœur battre à toute vitesse : elle a peur. Au fur et à mesure que le truc se rapproche, elle commence à comprendre de quoi il s'agit. Un chien court dans sa direction. Brigitte a l'habitude des chiens, mais elle ne sait pas comment réagir face à un chien qui court vers elle et qu'elle ne connaît pas. Elle reste sur ses gardes, légèrement apaisée par l'identification du problème, mais avec une petite appréhension quand même. Au moment de passer à côté d'elle, le chien la regarde furtivement et là, Brigitte focalise sur ses grandes dents, ses yeux exorbités et son air incontrôlable. Brigitte pousse un cri et se réfugie dans les bras de sa mère. Voilà comment Brigitte se retrouve à l'âge de 25 ans avec une phobie du meilleur ami de l'homme. Bon, là, je raccourcis un peu les choses, mais dans l'idée, c'est ça. Ce qui est intéressant dans ce cas, c'est que si, à chaque fois qu'elle voit un chien, Brigitte prenait le temps d'essayer de comprendre pourquoi et de quoi elle a réellement peur, elle pourrait régler ce problème assez rapidement. Mais Brigitte n'a pas vraiment le temps de faire appel à son cortex préfrontal, l'image de la mâchoire, des dents et de l'air menaçant est bien trop forte et accentue l'état de stress lié à la peur.

En réalité, Brigitte n'a pas vraiment peur des chiens, elle a peur d'une situation bien particulière et face à un chien, même statique et calme, elle craint que cette situation ne se reproduise. Ce qui effraie vraiment Brigitte, c'est le mouvement du chien

---

8. Big up à toutes les Brigitte qui liront ce livre. Je n'ai rien de personnel contre vous, c'est le premier prénom qui m'est passé pas la tête. Pour les autres, promis c'est la dernière fois que j'emploie le prénom Brigitte dans ce livre… Brigitte… Brigitte… Un vrai gamin (Brigitte…avec deux t, comme dans Brigitte).

qui, pour son hippocampe, représente un danger et unc peur bien ancrée.

On pourrait résumer tout ce mécanisme en un dialogue :

Brigitte : — « C'est quoi ce truc encore ?

Son hippocampe : — oh punaise, un chien !

Son amygdale : — C'est la merde, c'est la merde !

Son hypothalamus : — J'envoie la sauce, stress en approche !

Son cortex préfrontal : — Calme toi, Brigitte, c'est juste un chien…

Son hippocampe : — Et un chien, c'est la merde !

Son mari : — Ça va Brigitte ?

Son hypothalamus : — Qu'est-ce qu'il dit lui, cours Brigitte, cours !

Son amygdale : — Briggiiiiiittttteeeeeeeee !!!! »

Ça, pour Brigitte, c'est le scénario habituel. Heureusement, si notre système biologique a tout prévu pour nous faire peur, il a prévu aussi des fonctions pour nous permettre de les surmonter. Ajoutons maintenant un élément important dont Brigitte n'avait pas connaissance : la neuroplasticité.

**La neuroplasticité**

Grâce à la neuroplasticité, il est possible de réapprendre ou de désensibiliser certaines peurs par des thérapies comportementales, comme l'exposition répétée à l'objet de la peur dans un cadre sécurisé. Dans l'idéal, ce type d'exposition se fait en étant accompagné d'un thérapeute. Dans la vie de tous les jours, à part ma femme, je ne connais pas beaucoup de personnes pouvant se tourner vers un thérapeute, en pleine rue, dès que l'objet de leurs peurs se présente. Pour activer le mécanisme de neuroplasticité, il va donc falloir que Brigitte « entraîne » son cerveau à faire face afin de réduire progressivement le signal envoyé par l'amygdale. Brigitte pourrait, dans un premier temps, sélectionner différentes images de chiens, statiques, en mouvement, grognant, jouant avec des enfants, etc. Pour réhabituer son cerveau à se confronter à différentes situations impliquant un ou des chiens. Elle pourrait aussi identifier s'il existe des situations précises qui déclenchent plus de signaux corporels que d'autres. Une fois plus à l'aise avec les images, elle pourrait se rendre dans un foyer pour animaux pour s'exposer progressivement à ce que son amygdale a autrefois identifié comme un danger.

À force d'exposition, de raisonnement, tout son système de peur va être modifié jusqu'à ancrer une nouvelle réalité, plus objective et plus juste : « Je n'ai pas peur des chiens, car ils ne représentent pas majoritairement un danger, mais je dois rester sur mes gardes dans certaines situations. »

Bien entendu, ce travail n'est à réaliser par Brigitte que dans l'hypothèse où sa peur représente pour elle une véritable contrainte dont elle veut se débarrasser. Si vous n'êtes pas Brigitte, que les chiens vous font peur, mais que cela ne vous dérange pas, ne passez pas vos soirées à scroller sur le réseau social caninous.com…

En résumé, la peur, biologiquement, c'est comme un ange gardien atteint du syndrome de Gilles de la Tourette. Son intention est toujours bonne et bienveillante à notre égard, mais parfois, on aimerait qu'elle soit un peu plus discrète et pouvoir un peu mieux la contrôler.

Vous l'avez maintenant compris, si tout ce système un peu rouillé était sûrement fort utile pour nous permettre de prendre nos jambes à notre cou à la moindre branche qui craquait, en pleine nuit, dans la forêt, il y a 100 000 ans… il n'est pas facile de le gérer dans nos sociétés modernes où le danger a muté vers des situations à la dangerosité bien plus subtile : un conflit au travail, un discours en public, une insécurité financière, la maladie, etc. Et que dire de ces peurs que l'on associe à des sentiments plus introspectifs ? La peur de l'échec, du rejet, la peur de l'abandon, du jugement… ? Comment comprendre, analyser et intégrer toutes ces peurs dans un équilibre de vie tout en faisant en sorte qu'elles ne nous empêchent pas de vivre ? Là aussi, il suffit d'étudier la question à travers la manière dont la notion de peur est présente dans notre quotidien.

## La peur dans la culture populaire

La culture populaire a largement contribué au développement de cette idée que nos peurs sont nos ennemies et que nous devons tout mettre en place pour les combattre. La peur, c'est le grand méchant du film, le big boss du dernier niveau. C'est le monstre qui se cache sous le lit ou cette composition de quelques notes de musique dans *Les Dents de la mer*, cet enchaînement de mots dans un livre de Stephen King. Bref, nous pourrions écrire des centaines de pages sur le sujet, tellement l'image de la peur a été, et est encore exploitée, dans la littérature, le cinéma et même la musique.

Je me souviens de ce film *L'Histoire sans fin*, dans lequel le petit Bastian, enfant introverti et malmené par les brutes de l'école, trouve dans une vieille librairie, un livre mystérieux. En lisant ce livre, il se retrouve plongé dans le royaume imaginaire de Fantasia, un monde magique menacé par une force destructrice appelée le Néant. Le héros du livre, Atreyu, doit entreprendre une quête pour sauver Fantasia et sa reine, l'impératrice enfant. À mesure que l'histoire progresse, Bastian réalise qu'il est plus impliqué dans l'intrigue qu'il ne le pense, devenant lui-même un acteur clé pour sauver ce monde. Si le film explore des thèmes comme l'imagination, le courage et le pouvoir des récits, ce qui m'a le plus marqué étant enfant, c'est la manière dont le film aborde l'idée de la peur. Elle apparaît sous trois formes très différentes et très symboliques.

Tout d'abord, le Néant. Il incarne la peur principale du film, une force mystérieuse et incontrôlable qui détruit tout sur son passage. Dans le film, le Néant représente une peur existentielle, celle de la disparition, du vide et du manque de sens. Il symbolise l'oubli, la perte d'imagination et d'espoir, des thèmes qui résonnent dans nos peurs humaines quotidiennes, celle du temps qui passe et que l'on ne peut contrôler, celle de l'insouciance qui disparaît… Le Néant est une allégorie du désespoir, des craintes qui peuvent engloutir l'esprit lorsqu'on abandonne l'espoir. Il s'agit d'une peur profonde, existentielle, que l'on pourrait assimiler à nos angoisses les plus sombres.

Il existe dans le film une représentation plus tangible de la peur, sous la forme de Gmork, un loup démoniaque, serviteur du Néant. Il chasse Atreyu tout au long du film, représentant la peur sous une forme physique et menaçante. Le loup symbolise la peur du danger immédiat, celle de l'inévitable, d'être impuissant face à une menace bien plus grande, et qui peut nous atteindre à tout moment. Gmork, c'est notre sentiment d'insécurité, notre peur du danger, une représentation de ce qui peut nous rendre vulnérable en un instant. Bastian, quant à lui, est confronté à des peurs plus pragmatiques, plus sociales. Il a peur de grandir, de se confronter à la réalité après la mort de sa mère, et de faire face à son père, qui semble distant et émotionnellement absent. Son évasion dans l'imaginaire de Fantasia reflète son besoin de fuir ses peurs du monde réel. Au fur et à mesure de l'histoire, Bastian apprend à affronter ces peurs imaginaires et à prendre confiance en lui, devenant un acteur de l'histoire au lieu de la subir passivement. Au même moment, Atreyu est lui aussi confronté à de nouvelles peurs, plus abstraites et psychologiques. La peur se présente à lui sous la forme de défis, qu'il doit surmonter : peur de l'inconnu, de l'échec, de l'insécurité, ça vous parle ?

À travers ses deux personnages principaux, l'un en proie à des peurs quotidiennes et sociales et l'autre, à des peurs plus philosophiques et existentielles, le film aborde toutes les formes de la peur que nous pouvons rencontrer dans notre vie, qu'elles prennent la forme de menaces extérieures (le Néant, Gmork) ou d'angoisses intérieures (les doutes et les peurs personnelles de Bastian). Le film montre que le courage ne consiste pas à vivre sans peur, mais à les comprendre, les accepter, les affronter…

Nos peurs nous accompagnent tout au long de notre quête et il n'est pas toujours nécessaire de les surmonter pour grandir et prendre confiance en nous. Certaines d'entre elles peuvent être considérées comme une sorte d'acolyte, de compagnon, toujours prêt à actionner le signal d'alarme quand quelque chose ne tourne pas rond autour ou à l'intérieur de nous.

## La peur chez les grands penseurs

Impossible de parler de la peur sans l'observer sous le prisme de la philosophie. Après tout, les plus grands penseurs se sont cassé la tête à réfléchir au sujet, je n'allais pas me priver de partager avec vous leurs réflexions. Mon éditeur me limitant cependant à un certain nombre de caractères et n'étant pas là pour faire concurrence à l'Encyclopédie universelle, je me contenterai de vous faire part de quelques-unes de ces pensées, celles qui résonnent le plus pour moi et qui ont contribué à modifier le regard que je porte sur mes propres peurs.

## Chez les épicuriens

*« Il est impossible d'avoir un bonheur parfait si l'on craint les dieux. »*
Épicure

Pour la plupart d'entre nous, le courant épicurien se traduit avant tout par plusieurs mecs en toge, bien imbibés, dégustant du raisin, allongés sur une seule fesse en pointant du doigt un truc dans le ciel. Pour autant, le courant épicurien porte un regard très intéressant sur la notion de peur, en l'abordant sous trois perspectives différentes.

Pour les épicuriens, la peur est **une des principales sources de troubles** chez l'être humain. Épicure considère que pour atteindre le bonheur, il est essentiel de surmonter deux grandes peurs : la peur de la mort et celle des dieux. Concernant la première, le débat porte à réflexion. Selon le philosophe, la peur de la mort est une peur irrationnelle, la mort étant l'absence de toute sensation, de conscience, nous ne pouvons craindre quelque chose que nous ne pouvons pas ressentir. C'est un court résumé, mais dans les grandes lignes, c'est à peu près ça. Ce qui est intéressant dans cette idée, c'est qu'il aborde indirectement le fait que la plupart de nos peurs sont des anticipations de situations que nous ne vivons pas encore, et qu'il n'est pas cohérent d'éprouver de la peur pour quelque chose que nous ne pouvons pas ressentir sur l'instant.

Sa théorie sur la peur des dieux est encore plus intéressante. Il faut remettre les choses dans leur contexte, à son époque, la plupart de ses contemporains sont persuadés que les dieux s'amusent à « toi tu vis, toi tu meurs ». Épicure réfute violemment cette idée, pointant du doigt qu'elle engendre des peurs irrationnelles. Selon lui, si les dieux existent, ils ont autre chose à faire que de s'occuper de la vie des petits mécréants de son époque. Cette théorie est d'une grande importance, car elle souligne que **beaucoup de nos peurs les plus troublantes sont tournées vers des choses que nous ne pouvons pas contrôler et qui ne dépendent pas de nous**. En nous détachant de cette idée, nous pourrions donc nous en défaire.

Les épicuriens distinguent une troisième forme de peur, celle de la souffrance et des maux. En même temps, qui ne craint pas de souffrir ou d'avoir mal ? À cette peur, Épicure oppose la notion de plaisir. Cependant, contrairement à ce que l'on pourrait penser, le plaisir selon les épicuriens n'est pas synonyme de : « Je picole jusqu'à plus soif », mais plutôt d'équilibre et de modération.

**En choisissant de vivre des plaisirs simples, nous focalisons notre attention sur des actions à notre portée, que nous pouvons reproduire facilement et régulièrement et qui nous apportent joie et sérénité.**

Épicure distingue deux types de plaisir :

- Les plaisirs naturels ou nécessaires, représentés pour la plupart par des besoins primaires (boire, manger, avoir un foyer) et des besoins sociaux (la famille, les amis, etc.) ;
- Les plaisirs non nécessaires, qu'on appellerait aujourd'hui des plaisirs « transformés », qui eux, au contraire, seraient source d'émotions négatives, n'entraînant que frustration, envie et jalousie. On retrouve parmi ces plaisirs la quête de pouvoir, de richesse, etc.

Épicure nous propose donc cette idée intéressante qu'il ne sert à rien de gaspiller son temps et son énergie à chercher à fuir ou combattre les choses qui nous font peur, mais qu'il est plutôt nécessaire de nous concentrer sur celles qui sont à notre portée et qui nous rendent heureux par évidence.

Pour les épicuriens, cette quête porte un nom : ataraxie ou tranquillité de l'âme.

Ce qui est très intéressant dans cette réflexion, c'est qu'Épicure fait indirectement le lien entre notre bonheur et notre besoin de survie : la satisfaction de pouvoir manger à sa faim, le privilège de faire partie d'un groupe et de pouvoir entretenir un lien avec les personnes qui nous sont chères. *What else ?*

Si nous devions résumer grossièrement son idée et si Épicure devait réaliser aujourd'hui un réel Instagram de moins d'une minute, il pourrait dire :

> **« Arrêtez de chercher à ne pas avoir peur, arrêtez de croire que le pire peut arriver, arrête de vous demander pourquoi vous n'êtes pas heureux, invitez vos amis à manger, passez du temps avec les gens que vous aimez, appréciez chacun de vos repas et enivrez-vous juste assez pour comprendre tout ce que je vous raconte… C'est ça le bonheur. »**

S'il avait vécu à notre époque, nul doute qu'Épicure aurait été un sacré influenceur !

## Chez les stoïciens

Parlons maintenant de nos amis les stoïciens. Eux, vous les connaissez sûrement, tout du moins à travers l'adjectif, stoïque, qui découle de leur nom. Il ne se passe pas une journée sans que l'on ne tombe sur une de leurs citations en scrollant sur les réseaux. Heureusement que leurs descendants ne touchent pas de droits d'auteur, ça coûterait cher à pas mal de monde !

Ce qui caractérise la pensée stoïcienne, c'est l'idée que **le travail d'une vie consiste à atteindre le bonheur en cultivant la discipline de ne rien ressentir**. Les stoïciens sont souvent cités en exemple pour leur détermination, leur insensibilité, ou encore leur droiture. En gros, le parfait cliché du père de famille viril dans les années 1970, n'est-ce pas Charles[9] ? En nous plongeant dans ce courant philosophique, que l'on oppose souvent à tort à l'épicurisme, on s'aperçoit que l'image que nous en avons aujourd'hui est finalement assez éloignée des valeurs et des enseignements qu'il cherche à transmettre, notamment lorsqu'il s'agit de parler de nos peurs. Explications…

Pour les stoïciens, nos peurs émanent principalement d'un manque de discernement face aux événements extérieurs. Ils distinguent des choses que nous pouvons contrôler, celles sur lesquelles nous n'avons aucune influence. Ça vous rappelle quelque chose ?

Si, souvenez-vous p. 37, notre travail sur les préoccupations et l'influence… L'idée principale des stoïciens est que, si nous ne pouvons pas contrôler nos peurs ou les éléments déclencheurs de ces dernières, nous pouvons focaliser notre attention sur les éléments que nous pouvons contrôler : nos désirs, nos jugements, nos comportements, nos actions, etc. Cela fait finalement un peu écho aux enseignements épicuriens.

Là où les stoïciens poussent un peu le bouchon, c'est qu'ils considèrent la peur comme une passion. Selon eux, il s'agirait d'un débordement émotionnel que nous devrions apprendre à contrôler. En nous détachant de certaines de nos passions, en

9. Charles Ingalls, personnage principal de *La Petite Maison dans la prairie*, série diffusée entre 1974 et 1983.

nous servant de notre raison pour les modérer, il serait plus facile pour nous de faire face à nos peurs et aux défis de la vie, en y réagissant avec plus de calme et d'objectivité. Nous pourrions alors atteindre ce que les stoïciens appellent l'apathie ou la tranquillité d'esprit. C'est en partie ici que la confusion a lieu, que le choc des époques résonne le plus fort, car ce que nous appelons « apathie » aujourd'hui, c'est un état d'indifférence émotionnel, un manque de passion ou de motivation. Comment se faire à l'idée que l'on peut être heureux, si on ne ressent rien ? Si rien ne nous motive ou nous passionne ? C'est un peu contre-productif, et une fois encore, il s'agit d'une question de dosage, d'équilibre et de perception.

## LE BIAIS COGNITIF QUI FOUT LA TROUILLE

Il existe bien évidemment beaucoup de biais cognitifs agissant sur nos peurs. J'ai choisi de vous présenter celui qui, selon moi, peut avoir le plus gros impact sur votre quotidien. *Ladies and Gentlemen*, laissez-moi vous présenter : le biais de catastrophisation

En pratique :

La catastrophisation, c'est une sorte de réflexe mental qui nous pousse à voir des drames un peu partout. Un peu comme si notre cerveau était constamment à l'affût du scénario catastrophe, prêt à exagérer chaque situation. On se retrouve alors à croire que le pire est non seulement possible, mais inévitable, et cette idée finit par nourrir notre anxiété et notre stress. Ce biais cognitif nous donne la sensation d'être à la fois le scénariste et l'acteur principal d'un film d'horreur, alors que, la plupart du temps, le film n'est même pas interdit aux moins de 12 ans... Ce biais peut se manifester à différents moments et dans différentes situations. Quelques exemples :

• Monique a envoyé un SMS à son mari il y a 20 minutes et n'a toujours pas de réponse : il est sûrement parti avec cette influenceuse de 25 ans qu'il suit depuis quelque temps sur les réseaux.

• Kévin a une douleur dans le petit doigt depuis quelques jours... En cherchant sur Internet sur le site Doctomytho, il vient d'avoir la confirmation qu'il s'agit d'un signe avant-coureur de crise cardiaque. Kévin a 28 ans, quelle tristesse.

• Boris a fait une faute d'orthographe dans son dernier mail envoyé à son client. Il en est certain, son client n'a plus aucune confiance en lui, il checke les avis Google tous les jours et s'attend au pire.

Les techniques pour court-circuiter la catastrophisation :

• Le doute : évaluer les probabilités réelles du pire. S'il vous arrive régulièrement d'imaginer le pire, prenez le temps de remettre ce dernier dans son contexte et d'en évaluer la probabilité. Par exemple, si le premier réflexe de Boris est de s'imaginer que son client serait prêt à mettre un terme à leur collaboration professionnelle pour une simple faute d'orthographe, avant de mettre à jour son profil sur LinkedIn, il pourrait faire une liste des conséquences réelles de sa petite erreur. Elle pourrait être remarquée, sans impacter l'image professionnelle que son client a de lui. Elle pourrait aussi passer inaperçue. D'ailleurs, son client est peut-être bien plus mauvais que lui en orthographe, qui sait ?

• Le recadrage positif : remplacer les pensées catastrophes par des pensées plus justes et positives. Et si vous décidiez de transformer ces projections catastrophiques en *happy end* ? Après tout, la vie sait aussi nous réserver de belles surprises. Reprenons l'exemple de Monique, qui s'imagine déjà que son mari prépare ses bagages pour partir vivre à Bali avec la dernière influenceuse à la mode. Pour ressentir un peu moins d'anxiété, elle pourrait s'imaginer qu'il est simplement en voiture et que le fait qu'il ne réponde pas est plutôt signe qu'il est prudent. Elle pourrait aussi penser qu'il se repose, car c'est important pour lui, ou encore qu'il lui prépare peut-être une surprise... Quoi qu'il en soit, nous ne sommes pas obligés de subir, impassibles, les petites

**pichenettes émotionnelles que ce biais s'amuse à nous donner, nous pouvons aussi reprendre le contrôle en imaginant le meilleur, pour au pire, tomber dans le banal.**

**L'ombre et la lumière de la peur**

*Le cas de Julien*

Julien est un père et un mari attentionné et protecteur. Pour lui, la vie des gens qu'il aime est bien plus précieuse que la sienne, et il lui est impossible d'imaginer qu'il puisse leur arriver quelque chose. Il en fait une de ses priorités, il s'agit de sa responsabilité.

Si son épouse admire cette qualité chez lui, se sentant aimée et en sécurité, quelque chose la gêne dans les comportements de son mari. Elle lui reproche d'être parfois un peu trop jaloux et possessif, encaissant les remarques maladroites à chaque fois qu'elle souhaite sortir avec ses copines ou tout simplement aller à sa séance de sport. C'est pareil pour son fils, âgé de 14 ans qui, contrairement à la plupart de ses amis de collège, n'a pas le droit de quitter l'établissement sur la pause du midi pour aller déjeuner en ville de temps en temps. Julien a bien conscience de ce comportement et des répercussions sur son entourage, mais il n'arrive pas à faire, à penser ou plutôt à ressentir autrement.

Plus jeune, alors qu'il était lui-même au collège, Julien a perdu un ami. Ce dernier a été victime d'une chute de vélo alors qu'il se rendait à son activité du mercredi. Lorsque Julien a appris la nouvelle, il s'est effondré. À cet âge, personne n'est réellement préparé à une si triste et si brutale nouvelle. « Et si ses parents ne l'avaient pas laissé partir seul ? S'ils l'avaient accompagné en voiture ? » Difficile pour un enfant de cet âge, apprenant à gérer une aussi grande émotion, de ne pas se poser des questions, tentant de reprendre le contrôle sur la situation. Cet événement a profondément touché Julien, laissant une cicatrice invisible et le poussant à développer son côté protecteur.

Seulement voilà, vouloir protéger ses proches, c'est une belle valeur, mais, quand cet objectif est lié à une peur démesurée de ce qui pourrait leur arriver, la protection se transforme en possession. Julien a peur de perdre à nouveau, alors il fait tout pour éviter cela et contrôler ce qu'il imagine qu'il pourrait se passer, avant que cela n'arrive. L'idée pour Julien n'est donc pas de se séparer de cette capacité à vouloir protéger les autres, ce qui fait partie de ses valeurs, de son histoire et de son identité, mais plutôt d'accepter de revoir l'intensité de son intention afin de faire un peu plus confiance à ses proches et à leur capacité à se mettre eux-mêmes en sécurité.

## Comment nos peurs peuvent-elles nous rendre heureux ?

J'imagine que peu d'entre vous se sont déjà posé cette question. Notre éducation, nos expériences, notre culture, tout autour de nous, nous poussent à penser l'inverse. Nos peurs ne nous rendent pas heureux. Et pourtant. Nos peurs sont juste ce qu'elles sont, elles ne sont ni responsables de ce que nous sommes, ni à l'origine de ce que nous ne sommes pas.

En sachant que la fonction première de nos peurs est de nous permettre de survivre et qu'une partie de notre bonheur pourrait être lié à ce sentiment de sécurité que nous pouvons ressentir lorsque nos besoins primaires de survie sont comblés, la peur joue alors un rôle fondamental dans la construction d'une vie heureuse et en équilibre. Nos peurs jouent le rôle de garde-fous, de sentinelles, toujours sur leurs gardes, prêtes à intervenir et nous alerter en cas de besoin : une nouvelle rencontre, une opportunité professionnelle, une décision radicale… Les exemples ne manquent pas.

Être à l'écoute de nos peurs, apprendre à les comprendre, à dialoguer avec elles, plutôt que les stigmatiser et vouloir à tout prix s'en détacher, paraît donc être une alternative judicieuse. Nos peurs ne sont plus à l'origine de nos échecs de vie ou de nos souffrances, elles deviennent des clés, des outils pour mieux construire la vie que nous souhaitons avoir.

Prenons l'exemple d'une personne qui aurait peur de s'exprimer en public. Appelons cette personne Christelle (la fille de Brigitte, je sais, je suis incorrigible), qui doit se présenter devant les autres membres de son réseau de chefs d'entreprise. Sa peur représente alors pour elle, son incapacité à s'exprimer devant les autres, elle pense que c'est son manque de confiance en elle. En réalité, cela n'a rien à voir. Comme nous avons pu le voir, la confiance en soi se travaille et s'acquiert avec la pratique. En creusant un peu, ce qui effraie Christelle, c'est de se sentir vulnérable face au regard des autres. Sa peur lui rappelle simplement cette mauvaise expérience qu'elle a vécue en 1988, lorsque sa maîtresse de l'époque l'avait interrogée sur sa leçon d'histoire qu'elle n'avait pas révisée. La honte ! Sans parler des conséquences à la maison quand ses parents ont appris qu'elle avait eu un 0… Je sais, c'est cliché, mais c'est pour l'exemple. Maintenant qu'elle a compris que sa peur n'était pas un mur à franchir pour parler en public, mais juste un signal lui rappelant un mauvais souvenir, elle peut décider d'observer qui est le véritable responsable de cette peur et se rendre compte que la seule fautive, c'est elle. Si elle avait mieux préparé sa leçon, elle aurait pu être plus à l'aise et avoir une meilleure note et son hippocampe n'aurait pas eu besoin de la rappeler à l'ordre. Pour franchir cette étape importante de sa vie, Christelle peut alors mieux préparer son oral, faire des notes, structurer sa pensée, intégrer un peu d'humour dans sa présentation. Elle peut choisir de réécrire le scénario catastrophe lié à toutes les situations où elle doit prendre la parole en public. Elle n'aura pas vaincu sa peur, elle l'aura écoutée, analysée, et s'en sera servi pour améliorer un aspect important de sa vie, nécessaire à son évolution personnelle.

## Les outils pour travailler avec nos peurs

### La visualisation négative

La visualisation négative (oui, vous avez bien lu, négative et pas positive, ça change non ?). Maintenant que vous maîtrisez la philosophie de la peur, je suis certain que vous vous doutez de qui a bien pu pondre une technique dont le but est de visualiser à l'avance les pires trucs qui peuvent nous arriver ? Un indice ? Il s'agit des mêmes qui ont eu cette idée un peu farfelue de nous couper de nos passions pour nous rendre plus heureux. Oui, il s'agit bien des stoïciens. Selon eux, la visualisation négative est un exercice indispensable pour nous apprendre à gérer nos peurs. En contrôlant mentalement les pires scénarios qui nous font peur, on entraîne, en quelque sorte, notre système biologique et notre système cognitif à se familiariser avec ce qui pourrait nous arriver.

L'objectif de cet outil est donc de vous préparer à anticiper le pire afin de vous permettre de développer plus de résilience le moment venu, tout en habituant les zones de votre cerveau afin qu'elles réagissent avec plus de flexibilité et ainsi réduire les stimuli physiques et cognitifs liés à la peur. Cet exercice, c'est un peu l'antibiais de catastrophisation, puisqu'il permet de reprendre consciemment le contrôle sur un mécanisme souvent automatique.

## La pratique de la visualisation négative

Voici un exercice que vous pouvez réaliser :

1. Notez un objectif, une décision, une situation qui vous fait peur. J'imagine que vous avez assez de problèmes pour trouver un truc cool à exploiter…

2. Imaginez, et notez trois scénarios envisageables en rapport avec cela.

3. Mettez-vous maintenant dans la peau d'un réalisateur un peu tordu (ce n'est pas ce qui manque au XXIe siècle…) et ajoutez autant de détails, d'idées afin d'empirer chaque scénario jusqu'à en faire un drame digne des meilleurs films de vos plateformes de streaming préférées.

4. Fermez maintenant les yeux et visualisez le résultat sur un écran, comme si vous étiez dans une projection privée, chez vous ou au cinéma. L'objectif ici est de ressentir le stress, l'angoisse liée à ce que vous avez imaginé, tout en étant détaché de l'action et de l'objet de la peur.

5. Confronté aux situations que vous avez imaginées, répétez-vous cette phrase en boucle, un peu comme un mantra : « Jusqu'ici tout va bien, je suis en sécurité », tout en respirant profondément.

6. Prenez le temps d'observer ces scénarios, adoptez un regard critique en vous demandant si tel détail est réellement possible, si telle action est crédible.

7. Lorsque vous vous sentez complètement à l'aise, vous pouvez à nouveau ouvrir les yeux. Relisez l'objectif, la décision ou la situation que vous aviez noté(e) initialement et voyez ce que vous ressentez maintenant en y pensant.

Vous pouvez compléter cet exercice en le concluant par un peu de visualisation positive, cette fois. Avant d'ouvrir les yeux, modifiez les scénarios afin de les rendre plus acceptables. Imaginez que votre rôle est de transformer ce mauvais film interdit aux moins de 16 ans en un film tout public que vous pourriez regarder en famille, voire en une comédie sentimentale à l'eau de rose si nécessaire.

Pour prolonger l'aventure, scannez le QR code ci-dessous :

# Chapitre 3

## Les croyances

**« Croyez en vous-même et en tout ce que vous êtes... Sachez qu'il y a quelque chose à l'intérieur de vous qui est plus grand que n'importe quel obstacle. »**

Christian D. Larson

*J'aime cette idée que l'on peut percevoir la notion de croyance de deux manières différentes. D'un côté, on peut être partisan du clan saint Thomas, et partir du principe qu'on ne peut croire en une chose que si l'on détient la preuve de son existence. De l'autre côté, il y a cette vision, moins pragmatique, un tantinet plus poétique, et naturellement adoptée par les enfants et les grands rêveurs : ne pas croire en une chose parce qu'elle existe, mais y croire pour la faire exister. Je vous laisse le temps de relire cette phrase, parce qu'elle est d'une importance capitale pour la suite de ce chapitre : on ne croit pas en une chose parce qu'elle existe, mais le fait d'y croire permet de la faire exister. Je me souviens de cette discussion profondément philosophique avec un jeune patient de 8 ans... Je sais, ça donne l'impression d'une exagération et pourtant, ce jour-là, même mon prof de philo en terminale aurait versé sa petite larme. Je vous explique le contexte. Je reçois mon petit patient depuis quelques séances depuis le divorce de ses parents. Comme de nombreux enfants dans sa situation, il a beaucoup de mal à gérer la rupture entre ses parents, d'autant que tout se passe bien entre eux, se séparant d'un commun accord. Ça, paradoxalement, c'est parfois bien plus compliqué à gérer pour les enfants. Sans entrer dans une formation en psychologie sur le divorce et ses dommages collatéraux, lors d'un changement de situation, les enfants ont une capacité d'adaptation remarquable ! Bien entendu, l'impact émotionnel est propre à chacun pouvant mettre plus ou moins de temps à recréer son nouvel équilibre. Cependant, il y a une condition quasi indispensable qui leur permettra de pouvoir rapidement s'acclimater : la clarté de la situation sans tomber dans des extrêmes malheureusement trop souvent visibles et ressentis par les enfants, comme les violences verbales, psychologiques ou encore l'aliénation parentale (non, il ne s'agit pas de l'enlèvement des parents par une forme de vie extraterrestre). Lorsque la séparation est franche et évidente, l'enfant aura souvent plus de facilité à comprendre la situation, s'y adapter et recréer un nouvel équilibre. Dans le cas de mon patient, appelons-le Marty (à ce stade du livre, certains d'entre vous auront sûrement remarqué mon fétichisme évident pour les années 1990, quant aux autres, j'ai tellement de compassion pour vous, qui n'avez pas connu la plus belle décennie de l'histoire de l'humanité…). Donc, les parents de Marty ont décidé de continuer à vivre ensemble pendant un temps alors qu'ils sont en pleine séparation, ce dernier a beaucoup de mal à faire la part des choses et c'est en partie pour cette raison qu'il vient me voir depuis quelque temps. Marty a du mal à croire ce qui est en train de se passer. Une partie de lui refuse catégoriquement cette nouvelle réalité qui s'installe. Il ne veut pas y croire, car il est impossible pour lui que son équilibre de vie puisse exister autrement. Il ne peut pas contrôler le changement initié par ses parents, et ce sont toutes ses croyances sur la vie de famille qui sont peu à peu en train de s'effriter. Il doit reprendre confiance, recréer un nouveau système de croyances, indépendant du schéma traditionnel qu'il a appris et vécu ces dernières années. Il doit résoudre une équation à trois inconnues, tout en faisant face à une nouvelle évidence qu'il n'avait jamais eu à envisager. Pfouuuuu ! Pas facile pour un jeune collectionneur de cartes Pokémon, hypersensible et introverti… En réalité, ce qui déstabilise le plus notre petit Marty, ce sont des questions bien plus terre à terre. Dont une, en particulier, qui lui trotte dans la tête depuis quelque temps. Nous sommes à l'approche des fêtes de fin d'année, et son père, en tentant de le rassurer, lui a dit : « En plus, ça va être cool, tu auras deux fois plus de cadeaux pour Noël. » Cette phrase, c'est un* must-have du parent divorcé, *elle fait partie du TOP 5 des phrases joker. On l'emploie toujours avec une bonne intention, parce qu'il n'est jamais facile, ne l'oublions pas, de gérer la tristesse de ses enfants pour un parent qui divorce. Le problème est que Marty croit encore au père Noël et que cette phrase vient remettre en question beaucoup de choses... Étant donné qu'il était déjà un peu le cul entre deux chaises, Marty commence à s'en douter : un vieux qui sort seulement la nuit, une fois par an, habillé en rouge, mal rasé, dans un traineau tiré par des rennes, qui s'infiltre dans les conduits de cheminée, quand les enfants dorment, sans faire de bruit, pour distribuer des millions de jouets, qui se nourrit de lait et de sucre, pendant que sa femme l'attend sagement à la maison... Sans parler du fait que, le reste de l'année, il espionne les enfants tout en adoptant un mode de vie un peu discutable. Tout ça est un peu louche... Déséquilibre, injustice, frustration, mensonge, pour Marty, ça commence à faire beaucoup. Si, à ce moment de sa vie, il avait dû adopter la technique de saint Thomas, bonjour la chute émotionnelle ! C'est là où les enfants sont formidables, car ils sont capables, à travers leur innocence, d'accepter une réalité en y associant des croyances rassurantes et indispensables pour la survie de leur équilibre émotionnel. Lors de cette fameuse séance, je reçois donc Marty. Il m'explique qu'il pense que le père Noël n'existe pas et qu'il n'ose pas en parler avec ses parents. Dans mon obligation d'impartialité, et ne voulant pas jouer le rôle du Grinch au passage, je l'encourage à en parler avec ses géniteurs (élu* Golden Globe 2002 *du mot le plus moche) tout en lui posant cette question : « À quel point est-ce important pour toi de croire en la magie de Noël ? » Vous noterez la fourberie, je ne parle pas du père Noël, mais j'élargis volontairement la croyance en quelque chose qui peut se transposer dans le réel. C'est à ce moment-là que Marty a eu cette réponse à la fois simple, belle, naïve et si puissante : « Ben, je sais que le père Noël n'existe pas, mais j'ai envie d'y croire quand même. » C'est une petite phrase pour Marty, mais une grande baffe pour son thérapeute, tant les images qui me sont venues à cet instant étaient nombreuses. En effet, il y aurait tellement de façons de comprendre ou d'analyser cette phrase, tellement de comparaisons à faire ! « Je sais que je n'ai pas de muscles, mais je vais faire de la muscu quand même » ; « Je sais que je ne parle pas un mot d'anglais, mais je vais apprendre quand même » ; « Je sais que je n'ai jamais écrit un bouquin, mais je vais en écrire un quand même » ; « Je sais que j'ai une calvitie, mais je vais aller faire un tour en Turquie » (ah non, là ça fonctionne pas pareil, quoique…). En une phrase, Marty vient de démontrer une chose fondamentale : quand on est sûr de savoir quelque chose, rien ne nous empêche de choisir de croire au contraire si cela peut nous permettre de créer un équilibre ou, en tout cas, se mettre en mouvement. Marty ne croit peut-être plus en cette légende du vieux monsieur qui dévoue sa vie entière aux enfants sages. Pour autant, il ne choisit pas d'adopter une perception opposée et triste basée sur le mensonge, la surconsommation, l'inégalité sociale, etc. Non, il choisit de continuer à croire aux valeurs incarnées par le père Noël, à la magie qui lui permet de ressentir cette excitation à l'approche des fêtes. Il s'agit maintenant bien plus que d'une simple croyance, c'est une conviction : la magie de Noël existe pour lui parce qu'il vient de décider de son existence. Cette décision représente pour lui un équilibre, un point d'ancrage, un lien affectif fort entre son ancienne situation familiale et la nouvelle. Marty peut maintenant dupliquer ce mécanisme et cette façon de penser pour l'appliquer à la situation familiale qu'il est en train de vivre. S'il ne peut pas contrôler les décisions prises pas ses parents et l'évolution de la situation, il peut décider que sa nouvelle vie sera tout aussi bien que l'ancienne. À ce moment-là, il n'a pas à connaître le futur exact, à anticiper la réalité précise du quotidien qui l'attend. Il n'a pas besoin de savoir, il lui suffit de croire. Croire que, quoi qu'il puisse se passer, il sera heureux – quand même.*

## Croire ou ne pas croire...

Si cette question ne figure pas dans le célèbre Hamlet de William Shakespeare, elle aurait largement pu y avoir sa place, tant elle hante notre esprit au quotidien ! Au passage, je viens de m'apercevoir que Shakespeare a la même racine que le mot « shaker », je sais, on s'en fout pas mal, mais c'est plutôt drôle quand on sait à quel point nos croyances peuvent nous secouer. La notion de croyance est quelque chose de vaste et de complexe. Elle présuppose toujours une opposition entre le fait de croire ou ne pas croire en quelque chose : Croire en Dieu, en l'amour, en l'humanité. Croire au succès de ce livre... Croire au destin, en l'avenir, à cette opportunité professionnelle que l'on attend depuis longtemps. Croire au père Noël, au père Fourras. Croire en soi... Ce qui est intéressant, c'est que, dans la plupart de nos croyances, il n'existe jamais vraiment d'éléments de réponses. Nos croyances sont donc la plupart du temps liées à des suppositions, des interprétations, notre éducation, des « on m'a dit que... ». D'une certaine manière, croire ou non en quelque chose, c'est se fermer les portes de l'expérience. C'est se reposer entièrement sur la réflexion des autres, et décider de leur faire confiance ou de nous opposer à eux. Croire, c'est se reposer sur l'inexistant, le non-vérifié, pour éviter une confrontation peut-être douloureuse, mais sûrement inévitable avec la réalité.

Quand j'étais en 5$^{e}$, j'aimais bien la petite Virginie. À l'époque, j'étais satisfait de croire qu'elle m'aimait bien. Combien de fois je me suis endormi avec cette idée rassurante que je pouvais sortir avec elle. Une croyance réconfortante que je n'ai jamais osé briser avec un petit mot, que j'aurais pu glisser à Laurent, qui l'aurait lui-même glissé à Freddy, qui l'aurait à son tour donné sur Virginie en cours de maths : « Tu veux sortir avec moi ? » Ce qui est sûr, c'est que : pas de mot, pas de risque, pas de risque, pas de réponse, pas de réponse, pas de Virginie, mais grâce à ma croyance, pas de réponse et un peu de Virginie quand même… Dans l'idée d'un jeune adolescent n'aimant pas trop la prise de risque, et sans référence aucune au personnage de Dexter ou tout autre psychopathe accro au bistouri, 50 % de Virginie, c'est mieux que rien du tout. Finalement, Virginie, c'est un peu l'histoire du chat de Schrödinger. Si je crois que Virginie m'aime bien, tant que je ne lui fais pas passer de petit mot, Virginie est à la fois amoureuse et pas amoureuse de moi. Rassurant d'un côté, mais quand même un peu triste puisqu'au-delà de la croyance que je suis prêt à accepter pour ne pas être déçu et préserver mon équilibre émotionnel, la réalité, c'est que Virginie est finalement sortie avec Laurent… Nous pourrions presque dire que nous sommes formatés à croire, à développer nos propres croyances en nous basant sur un panel de croyances préétablies. Croire, c'est une façon de faire partie d'une communauté, c'est pouvoir créer du lien avec d'autres personnes qui partagent nos croyances. D'une certaine manière, croire, c'est, finalement aussi, un moyen de survivre. Nos croyances sont donc à la fois indispensables à notre équilibre, tout en étant parfois problématiques pour la construction de notre bonheur. Il existe une image très représentative de cette ambivalence : imaginez, vous êtes perdu en pleine tempête de neige, et, tout à coup, vous voyez une petite cabane à quelques centaines de mètres. Vous entrez. Il fait bon, vous vous sentez bien et en sécurité. Le danger semble écarté et cette petite cabane représente une zone de confort indispensable à votre survie. Sur le moment, vous ressentez un immense bonheur lié au soulagement et l'idée que vous allez rester en vie. Une journée passe, puis deux, puis une semaine et là, vous commencez à vous poser des questions. Le bonheur ressenti s'est déjà bien dissipé. La tempête est toujours aussi forte, mais vous n'avez presque plus rien à manger et à boire, et votre famille vous manque. Vous commencez à douter de l'importance de rester dans votre zone de confort, et votre petite cabane est en train de se transformer en prison. Qu'allez-vous faire ? Allez-vous continuer à croire que cette cabane représente l'unique solution à votre survie et laisser votre vie entre les mains de ce que vous ne pouvez pas contrôler : l'arrêt ou non de la tempête ? Commencerez-vous à percevoir cette cabane comme un moyen temporaire de recréer un équilibre avant de repartir, et ainsi choisir de croire en autre chose pour vous remettre en mouvement ? Autrement dit, reprendre le contrôle sur l'unique chose sur laquelle vous pouvez avoir de l'influence et sur laquelle vous pouvez miser pour vous en sortir : vous. Dans cette histoire, vous l'aurez peut-être compris, la tempête représente votre vie de manière générale, composée de tous les éléments que vous ne pouvez pas contrôler, et la cabane, c'est votre système de croyances : rassurante, parfois indispensable à votre équilibre, mais qui peut aussi se transformer en prison dorée. Il est temps maintenant de quitter notre petite cabane en bois, pour l'observer et l'analyser avec un peu plus de recul. Enfilez une veste chaude et une bonne paire de moufles, c'est parti pour la grimpette.

## Les fondations de nos croyances...

Une croyance, c'est un peu comme une paire de lunettes invisibles que nous portons non-stop. Elles teintent notre vision du monde et influencent nos pensées, nos décisions, et même nos comportements. La particularité des croyances ? Elles n'ont pas besoin de preuves pour exister. Une simple idée, répétée ou ressentie avec intensité, peut s'imposer comme une vérité absolue. Repensez à cette petite phrase lorsque vous étiez au collège : « Je suis nul en anglais. » Combien d'enfants, et même d'adultes, vivent leur vie entière en ayant ancré profondément cette conviction ? En n'osant pas voyager à l'étranger par peur d'être ridicule ? Pourtant, cette croyance ne repose souvent sur rien de plus qu'une petite série de mauvaises notes au collège, ou une remarque maladroite de la part d'un prof ou d'un camarade de classe qui, lui, en revanche, avait de grandes facilités à parler la langue de Shakespeare. (En même temps, c'est facile d'avoir un bon accent quand on a une mère anglaise, hein, Nathalie ?) Les croyances peuvent être conscientes, et s'apparenter à des affirmations claires, du style : « Je crois que j'ai vraiment une voix à faire saigner des tympans. » Et elles peuvent aussi être inconscientes, plus sournoises, se manifestant dans des automatismes ou des biais comportementaux que nous n'identifions pas immédiatement. Par exemple, une personne qui déteste les soirées karaoké, pensant qu'elle a une voix de cochon d'Inde, peut simplement avoir développé cette idée à la suite des remarques répétées de ses parents, qui, fatigués après une longue journée de travail, ne supportaient pas de l'entendre chanter à tue-tête. Nombreuses sont ces croyances inconscientes qui prennent vie dans la fabrique universelle des croyances liées à l'enfance : le foyer. Je suis sûr que vous en connaissez un bon paquet. Prenons quelques instants pour jouer à « C'est la faute à qui si je crois ça ».

Je commence.

La croyance : « Les riches sont arrogants, et l'argent et ne fait pas le bonheur. » L'origine possible : encore un oncle fan de *Dallas*, qui a trop souvent associé l'argent à son univers impitoyable.

Le résultat possible : Un enfant qui a passé trop de temps avec son oncle devant *Dallas* et qui deviendra un adulte pour qui la richesse est synonyme de méfiance et de culpabilité.

* * *

La croyance : « Le plus important, c'est de travailler dur dans la vie. »

L'origine possible : Un père de famille qui veut inculquer des valeurs à ses enfants en leur apprenant la notion d'effort et de résultat.

Le résultat possible : Des enfants qui deviendront des adultes pour qui travailler beaucoup est le seul moyen d'être récompensé. Alors qu'il suffit parfois de travailler moins, et plus intelligemment.

* * *

La croyance : « Manger de la soupe, ça fait grandir. »

L'origine : Une mère de famille qui veut que ses enfants mangent sainement et équilibré.

Le résultat : Moi, dont la croissance s'est arrêtée au record du monde de saut en hauteur féminin de 1932 détenu par les Américaines Jean Shiley et Mildred Didrikson, soit 1,65 m… Et qui continue à manger de la soupe, dans l'espoir de représenter un jour, un cas d'étude médicale pour poussée de croissance tardive.

### Le jeu des croyances inconscientes

Vous avez compris le principe du jeu ? Amusez-vous maintenant à trouver chez vous quelles sont les croyances inconscientes qui peuvent parfois vous faire agir par automatisme et essayez de les rattacher à des souvenirs. Vous pouvez même jouer à ça lors d'un repas de famille. Je préfère cependant vous prévenir, vous risquez, soit de passer une très bonne soirée, ludique et productive, soit de vous exposer à un fiasco animé de pleurs, de reproches et tout ce qui va avec. Comme dirait Régis Laspalès : « C'est vous qui voyez ».

Si le développement personnel a tendance à stigmatiser notre système de croyances en le rendant responsable de la plupart de nos mauvaises décisions ou de notre sentiment d'incapacité, heureusement, ces dernières ont également des fonctions beaucoup plus basiques et qui nous sont fortement utiles au quotidien !

En effet, si nos croyances sont si puissantes, c'est qu'elles remplissent une fonction essentielle : elles nous permettent de naviguer dans un monde complexe et souvent chaotique. Imaginez un instant une journée sans la moindre croyance, sans la moindre certitude. Chaque geste, chaque décision, chaque situation devrait être analysé, et réévalué en profondeur. Vous vous apprêtez à prendre une tasse de café au petit déjeuner : est-ce vraiment une bonne idée ? Quelle quantité est optimale ? Quelle marque choisir ? Pourquoi boire du café plutôt que du thé ? À quel point cela va-t-il influencer votre productivité de la matinée ? Et ce n'est que le premier moment de votre journée… Puis vient l'instant de traverser la rue.

Sans croyances, chaque pas serait un vrai débat interne : ce feu rouge est-il vraiment un signal universel ? Les conducteurs respectent-ils tous les règles ? Devrais-je attendre encore ? Réfléchirait-on vraiment à ces détails pour chaque interaction, chaque action, chaque choix ? Nous serions paralysés avant même d'avoir quitté notre maison. Pire encore, nous serions submergés par une surcharge cognitive si intense que notre cerveau ne tiendrait pas longtemps. Il est tout simplement impossible de traiter toutes les informations disponibles autour de nous sans organiser nos pensées et nos décisions en utilisant des raccourcis mentaux. C'est précisément là que les croyances entrent en jeu. Elles agissent comme des balises dans l'océan chaotique de la vie quotidienne, nous permettant de naviguer avec une certaine fluidité. Vous ne vous demandez pas si votre lit vous soutiendra ce soir ou si l'eau du robinet est potable, parce que votre cerveau a établi une base de croyances sur ces éléments.

Les croyances sont donc des simplifications nécessaires pour agir, sans quoi, vous passeriez chaque moment de votre vie à jouer les Sherlock Holmes. En psychologie cognitive, ces raccourcis sont des stratégies automatiques que le cerveau utilise pour traiter l'information rapidement et économiser son énergie. Plutôt que d'analyser chaque nouvelle donnée, ils s'appuient sur des croyances établies pour décider instantanément de la meilleure action à entreprendre. Ces raccourcis sont vitaux, mais ils ne sont pas infaillibles : ils peuvent aussi nous conduire à des erreurs, voire à des comportements irrationnels. Par exemple, un raccourci pourrait nous faire éviter un aliment simplement parce qu'il est d'une couleur inhabituelle, même si cet aliment est parfaitement sûr et nourrissant. Prenons un autre exemple concret : lorsque vous marchez sur un trottoir, vous ne réfléchissez pas à la probabilité que ce trottoir s'effondre sous vos pieds. Pourquoi ? Parce que vous croyez, de manière implicite, qu'il est solide et fiable. Cette croyance repose sur des expériences passées : vous avez marché sur des milliers de trottoirs sans incident. Cependant, cette confiance est une généralisation. Si une situation exceptionnelle venait à invalider cette croyance – un trottoir qui cède sous votre poids –, vous seriez forcé de reconsidérer votre certitude. Jusqu'à ce que cela arrive, votre cerveau continue d'utiliser ce raccourci pour éviter une surcharge inutile.

En résumé, nos croyances ne sont pas seulement des idées que nous entretenons sur le monde. Au quotidien, elles représentent surtout les fondations mêmes de notre fonctionnement. Sans elles, chaque action, chaque décision, chaque moment de notre vie viendrait alourdir notre charge mentale. Avec elles, la vie devient plus fluide, plus « gérable », même si cela signifie parfois que l'on prend des raccourcis un peu foireux et qu'il est nécessaire de travailler régulièrement sur nos croyances pour avancer dans le sens de ce qui nous rend heureux. Nos croyances, qu'elles soient aidantes ou limitantes, ne sont jamais neutres. Elles sont comme ces vieilles chansons que l'on fredonne sans même s'en rendre compte. Parfois, elles nous soutiennent, nous motivent et peuvent même nous rappeler de beaux souvenirs. Mais parfois, elles tournent en boucle dans notre tête, à la manière d'un tube de Patrick Sébastien, et il devient très difficile de s'en défaire (même si j'adore Patoche).

## Le ciment de nos croyances...

Si nos croyances façonnent nos perceptions et influencent nos décisions, elles ne sont pas uniquement le fruit de nos expériences personnelles. Elles sont aussi le produit d'un héritage collectif, un tissage subtil de traditions, d'histoires et de normes qui s'insinuent dans nos vies dès le plus jeune âge. Chaque geste, chaque rituel, chaque mot transmis dans nos familles ou nos entourages jouent un rôle dans la formation de ces convictions. Certaines croyances, comme celle des piliers invisibles, soutiennent les fondations de nos sociétés. D'autres, plus personnelles, s'ancrent profondément dans nos esprits, devenant parfois des vérités indiscutables. Mais d'où viennent ces croyances qui nous habitent ? Pourquoi semblent-elles si universelles et si diversifiées à la fois ?

Pour le comprendre, il est essentiel de plonger dans les racines de nos certitudes, là où la culture, l'histoire et l'éducation s'entrelacent pour former le ciment de nos pensées. Petit détour dans notre voyage pour explorer la manière dont nos croyances sont façonnées, partagées et parfois imposées par le monde qui nous entoure.

## La transmission culturelle

Les croyances se transmettent comme des traditions précieuses, modelées et perfectionnées au fil des générations. Elles sont intégrées à nos vies souvent sans que nous en soyons conscients. Croire, c'est parfois tout aussi naturel que respirer. La religion en est probablement l'exemple le plus frappant : que l'on soit pratiquant ou non, les récits bibliques continuent d'influencer nos perceptions modernes du bien et du mal. Ces croyances façonnent nos comportements, nos jugements et parfois même nos peurs. Elles peuvent endosser à la fois le rôle du mentor, qui guide notre parcours de vie, et celui du dictateur ou du gourou, qui nous impose une certaine doctrine et nous empêche de sortir du cadre pour vivre de nouvelles expériences. Les rituels jouent également un rôle central dans cette transmission. Le repas plaisir du samedi soir, la promenade familiale du dimanche après-midi, le loto du 25 décembre. Ces moments répétitifs, bien qu'ils soient positifs sur l'instant et qu'ils puissent paraître anodins, renforcent en réalité des valeurs et des croyances déjà préétablies par l'environnement familial. En grandissant dans ce cadre, un enfant ancre ces croyances sans même qu'on les lui explique. Ces croyances deviennent alors pour lui une sorte de ciment permettant de renforcer les liens affectifs. Une fois adulte, ces croyances deviendront des points de repère qu'il pourra répéter à son tour avec ses propres enfants.

Dans l'idée, il n'y a pas de problème particulier à adopter et reproduire ce mécanisme. Cependant, cela pourrait en poser dans le développement d'une personne chez qui les valeurs personnelles ne correspondraient pas aux croyances ancrées.

Prenons l'exemple de Mathéo. Mathéo a grandi dans un foyer rempli d'amour et d'attention. Sur le plan affectif, rien à redire. Mathéo s'est toujours senti en sécurité avec ses parents et il a pu grandir en développant une bonne estime de lui-même. Lorsqu'il était enfant, les parents de Mathéo avaient un petit rituel : si en semaine on fait attention à ce qu'on mange, le week-end, c'est *fast-food* et compagnie ! Histoire de « fêter » la fin de semaine, de partager un moment de joie en famille. Dans le cerveau du petit Mathéo, le raccourci est vite établi : la semaine, mes parents travaillent, j'ai moins d'attention et, en plus on mange des trucs dont je ne suis pas fan. En revanche, le week-end, c'est un super moment en famille autour d'un MacDo, vive MacDo ! Là encore, on pourrait se dire que c'est plutôt positif, et que le petit Mathéo aura appris une chose importante : on peut se faire plaisir de temps en temps si on mange équilibré la semaine. Pourtant, chez lui, les choses ne se sont pas passées exactement comme ça. Adulte, il adore faire du sport, il est même devenu un compétiteur hors pair. L'alimentation, c'est pour lui un domaine essentiel de sa vie pour l'aider dans ses performances. Le problème, c'est qu'il a beaucoup de mal à se défaire des habitudes alimentaires instaurées quand il était plus jeune. Il a donc tendance à se priver la semaine et à ne pas manger assez pour pouvoir se « faire plaisir » le week-end et recréer ce sentiment de satisfaction et de bonheur rattaché à son enfance. Ce rituel fait partie de son équilibre émotionnel et pourtant, il est en totale opposition avec ses besoins personnels, ceux qui lui permettent d'avancer dans le sens de ce qui le rend heureux. Le pire dans tout ça, c'est que les croyances ont la dent dure, et que, même s'il a conscience que son régime alimentaire devrait être plus équilibré que partagé entre deux excès, l'inconscient de Mathéo arrive à le persuader que : « Ça va, c'est pas grave, avec tout le sport que je fais, c'est pas mes deux pizzas et mes bières du week-end qui vont me faire mal » ou encore « Avant les sportifs ne mangeaient pas autant que nous maintenant, c'est pas dramatique si j'ai pas ma dose de protéines ». La réalité est simplement que, pour répondre favorablement à ses croyances, celles que le week-end c'est orgie alimentaire, Mathéo préfère anticiper en se privant le reste de la semaine... Et le plus dingue dans tout ça, c'est qu'avec tout le sport qu'il fait justement, Mathéo pourrait à la fois se faire plaisir le week-end, tout en mangeant correctement la semaine pour atteindre ses performances sportives. Mathéo, si tu lis ce livre, tu peux trouver mon numéro de téléphone sur Internet et prendre un rendez-vous, on devrait pouvoir régler ça en quelques séances de thérapies cognitives et comportementales...

Je suis certain que l'exemple de Mathéo parlera à beaucoup d'entre vous, moi le premier. Rassurez-vous, il n'y a pas de mal à se faire plaisir, à condition que cela n'entrave pas vos objectifs de vie et que cela s'aligne parfaitement avec vos valeurs personnelles.

### L'influence historique

L'histoire, quant à elle, agit comme un puissant sculpteur des croyances collectives. Chaque période forge de nouvelles convictions qui dominent et orientent les sociétés. Chaque époque a développé ses propres croyances, transformant bien souvent ces dernières en vérités. Les époques suivantes ont souvent fait passer ces vérités pour des aberrations, tout en développant leurs propres croyances, leurs propres vérités, ainsi de suite... Ce qui est drôle, c'est que cela fonctionne aussi dans l'autre sens. Certaines croyances, à certaines époques, étaient perçues comme des aberrations, jusqu'à ce que la science, par exemple, transforme ces croyances en vérités. Ce ne sont pas les exemples qui manquent, et si, en 2024, vous croyez encore que la Terre est plate ou que, lors d'un orage, le ciel risque de vous tomber sur la tête, je vous conseille de changer de chaîne YouTube...

Pour ma part, je crois fermement en l'existence du Sasquatch, ou Bigfoot pour les intimes. N'ayant jamais fait l'expérience de me retrouver seul, en pleine forêt, face à cet animal de plus de deux mètres, aussi poilu que mon ancienne prof d'arts plastiques, qui, avec du recul, descendait sûrement directement d'une lignée du yéti, je me contente pour l'instant d'y croire, attendant impatiemment que nos amis les scientifiques puissent enfin analyser un poil de fesse permettant de lever le mystère sur cette nouvelle espèce.

L'histoire façonne donc nos croyances collectives ou individuelles, jusqu'à ce que ces croyances soient validées ou invalidées par l'expérience et les preuves. Ce mécanisme fonctionne également dans des domaines moins « scientifiques ». Les révolutions industrielles, par exemple, ont introduit une nouvelle croyance : celle du progrès technologique. L'idée que les machines et l'innovation pouvaient résoudre tous les problèmes a dominé les esprits, au point que la productivité est devenue une valeur quasi sacrée. Les années post-Seconde Guerre mondiale, avec l'émergence rapide de la société de consommation et des supermarchés, a développé les nombreuses croyances liées à la santé et la survie : la nécessité de stocker les aliments, l'importance de consommer beaucoup de viande pour avoir des forces… La publicité a largement contribué à ce mécanisme de création de croyances collectives, donnant parfois naissance à des idées complètement absurdes aujourd'hui, mais perçues à l'époque comme des vérités.

Petit florilège des pires absurdités publicitaires à l'origine de croyances dangereuses :

Les cigarettes comme symbole de santé et de liberté.

• **Fausse croyance** : Dans les années 1920-1950, des publicités vantaient les cigarettes comme bonnes pour la santé et un moyen de se détendre.

• **Origine** : Des marques comme Camel utilisaient des médecins dans leurs publicités pour légitimer la consommation. Par exemple : « Les médecins fument plus de Camel que toute autre marque ! »

La bière pour les mères et les enfants.

• **Fausse croyance véhiculée** : La bière est bénéfique pour les femmes enceintes ou allaitantes en raison de ses propriétés nourrissantes.

• **Origine** : Au début du XXe siècle, certaines marques *via* la publicité, notamment en Europe, recommandaient la bière pour stimuler la production de lait chez les mères allaitantes. Par exemple, des affiches allemandes suggéraient qu'une consommation modérée de bière brune améliorait la santé des mères et des nourrissons.

Et aujourd'hui ? Nous vivons dans une ère marquée par la quête de bien-être individuel et de spiritualité personnelle. Les croyances traditionnelles cèdent parfois la place à de nouvelles convictions : « La méditation est la clé du bonheur » ou « L'authenticité est essentielle pour réussir ». Ces nouvelles croyances répondent à des besoins modernes, mais elles restent des systèmes de pensée organisés qui influencent nos choix de vie et nos priorités. Pire encore, elles peuvent parfois résonner de manière très négative sur nos vies, en faisant ressurgir chez nous de la culpabilité ou un sentiment d'incapacité à ne pas pouvoir nous conformer à ce qui « devrait être fait » pour que l'on soit heureux. Ces nouvelles croyances, rassurantes à lire, se construisent sur des raccourcis, oubliant trop souvent de parler des détails ou de mettre en avant les efforts nécessaires pour les valider.

Vous avez sûrement déjà croisé sur les réseaux ces fameux « putaclics », ces gros titres racoleurs au pouvoir d'attraction magnifique : « Une étude montre que se lécher le coude trois fois par jour rallongerait l'espérance de vie de trois ans » ou encore : « Les personnes qui font ça ont plus de confiance en elle que la moyenne »... *spoiler alert* ! Ça ne vous servira à rien de sauter 30 minutes par jour à cloche-pied en vous brossant les dents pour avoir des dents plus blanches et rallonger votre espérance de vie, si vous fumez un paquet de cigarettes par jour... Finalement, ces articles destinés à multiplier les clics, pour mieux vendre les espaces publicitaires qui y sont associés (car ne l'oubliez pas, sur Internet, « si quelque chose est gratuit, c'est que le produit, c'est vous »[10]), agissent comme les croyances populaires des générations d'avant. Ils font appel aux mêmes mécanismes que ces idées reçues, ces dictons, ces anecdotes transmises de génération en génération et qui finissent par représenter le ciment social structurant une partie de nos comportements. Qui n'a pas attendu 30 minutes après avoir mangé avant de se baigner ? Contourné une échelle pour ne pas passer en dessous ? Retourné une baguette de pain posée à l'envers sur une table ? Certaines de nos croyances collectives se transforment avec le temps en superstitions. Et à y regarder de plus près, en prenant le temps d'étudier l'origine de ces croyances transmises à travers le temps, chacune d'entre elles comporte une part de vrai, de vérifiable, une bonne raison d'exister qui a ensuite été généralisée pour en faire une vérité absolue. Plutôt que de choisir de les réfuter en intégralité, de choisir de ne plus y croire, il vaut mieux parfois essayer de mieux les comprendre, de les nuancer afin d'en faire un ciment plus solide et plus respectueux de la vie personnelle que nous souhaitons construire.

---

10. « Si vous ne payez pas pour le produit, vous êtes le produit », citation attribuée à Tristan Harris ancien éthicien du design chez Google.

## Le toit de nos croyances…

Nous y voilà. Certains d'entre vous doivent se demander : « Et dans tout ça, c'est quand qu'il compte parler des croyances limitantes ? » Oui, parce que soyons honnêtes, quand on parle de croyances en 2024 et dans le domaine du développement personnel, le mot est bien souvent associé à la notion de limite. Comme si le rôle unique de nos croyances était de nous saper toute volonté ou de nous empêcher de construire notre bonheur. Maintenant que nous avons fait le tour d'une grande partie de ce que sont réellement nos croyances, nous pouvons aborder cette partie en toute tranquillité et avec une perception plus large. Nos croyances agissent comme des guides invisibles qui orientent chaque aspect de notre existence. Si certaines croyances, dites aidantes (nous verrons cela plus tard), nous élèvent et nous motivent, d'autres, appelées limitantes, agissent donc à l'inverse, freinant nos actions et décisions. Plutôt que de jouer le rôle de ciment, nos croyances limitantes agissent comme des murs que nous construisons nous-mêmes, la plupart du temps sans nous en rendre compte. Elles nous empêchent d'oser, d'avancer ou même de rêver. Ces convictions, souvent ancrées dans des expériences passées ou des messages répétés dans notre enfance, agissent de manière inconsciente.

Petit best of des croyances limitantes les plus courantes, car non, toi qui lis ce livre, tu n'es pas seul à te demander pourquoi ça ne tourne pas rond parfois dans ta vie :

- La peur de l'échec, qui nous pousse à éviter les opportunités par crainte de ne pas être à la hauteur.

- La procrastination, souvent déguisée en perfectionnisme, qui retarde nos actions par peur de ne pas atteindre un standard irréaliste.

• Le syndrome de l'imposteur, qui nous convainc que nous ne méritons pas de réussir, même face à des preuves évidentes.

Généralement, ces croyances se matérialisent sous forme de mantras et se renforcent au fil du temps à chaque fois que nous leur donnons raison, jusqu'à faire partie intégrante de notre identité. Par exemple : « Je n'ai pas de chance dans la vie. » Cette affirmation nourrit une posture de victimisation en croyant que tout est dicté par des circonstances extérieures incontrôlables. « Je n'ai pas assez de temps » : celle-ci reflète une perception exagérée du manque de temps, souvent liée à des priorités mal définies ou à une mauvaise gestion du temps. « Il est trop tard pour moi » : cette phrase repose sur l'idée qu'un âge ou une étape de vie spécifique empêche de changer ou de se lancer dans de nouveaux projets, alors qu'il n'est jamais vraiment trop tard. Je pourrais continuer longtemps, tant ces affirmations sont nombreuses.

## Désamorcer les fausses croyances

Un bon exercice que vous pouvez réaliser pour désamorcer progressivement ces croyances profondément ancrées est de prendre le temps, lorsque vous vous rendez compte qu'une d'entre elles vous empêche de faire quelque chose d'important, de contre-argumenter en minimisant les faits.

Prenons par exemple la croyance « Si je demande de l'aide, je serai perçu comme faible ». Cette croyance valorise l'indépendance au détriment de la collaboration et peut isoler une personne en l'empêchant de recevoir le soutien dont elle a besoin. Elle présuppose qu'une personne qui n'est pas en état de se débrouiller seule est une personne incapable. Elle est directement en lien avec notre système de survie et l'importance de se sentir utile au groupe, en prouvant notre valeur et en démontrant nos capacités plutôt qu'en mettant en avant notre vulnérabilité et ainsi passer pour le boulet de service. Si vous pensez que demander de l'aide revient à être faible, ou si vous connaissez une personne dans ce cas, posez-vous ou posez-lui ces quelques questions : « Est-ce qu'il m'est déjà arrivé d'apporter mon aide à une personne ? » ; « L'as-tu pour autant perçue comme une personne inutile ? » ; « Est-ce que tu connais des personnes qui ont un jour eu besoin d'aide et que je perçois pourtant comme fortes ? » ; « Est-ce que cette aide provisoire te permettra de devenir plus fort ? » Ces quelques questions vous permettront d'observer vos croyances sous des points de vue différents.

L'étape suivante est de les remplacer par des affirmations contraires et positives. Rappelez-vous de notre petit Marty (voir p. 118), il suffit parfois de croire en ce qui nous arrange pour faire en sorte que cette réalité existe. Vous pourriez alors vous dire : « Si je demande de l'aide, je pourrai retrouver plus rapidement mon équilibre et à mon tour, aider d'autres personnes dans le besoin. »

## L'ombre et la lumière de nos croyances...

Le cas de Clara : Clara est une femme d'une quarantaine d'années. Elle exerce la profession de secrétaire médicale et son niveau d'épanouissement au travail est bien largement inférieur à la moyenne. Elle rêve d'ouvrir un commerce et d'être sa propre patronne. Toute son enfance, son entourage lui a reproché d'être trop têtue. En grandissant, elle a donc ancré cette croyance qu'être têtue traduit quelque chose de négatif, puisque cela ne lui permet pas de créer du lien positif avec les gens de son entourage. Le problème est que Clara n'a pas appris à percevoir la part de lumière en lien à l'entêtement, et pour le coup, il s'agit d'une capacité qui lui serait bien utile dans la mise en place de ses objectifs professionnels. Cette capacité est (roulement de tambours) est la détermination. En ancrant fermement la croyance qu'elle est trop têtue, et que l'entêtement pourrait fragiliser le lien qu'elle a créé avec ses proches, une part de Clara ne l'autorise pas à percevoir qu'elle est aussi capable de détermination.

Entêtement/détermination relève exactement du même processus : la même capacité que l'on peut percevoir, soit de manière négative, soit de manière positive en fonction de l'intensité de notre intention et de l'environnement. Bien souvent, la seule manière de percevoir la différence entre les deux est d'observer le résultat de l'intention de départ. Reprenons depuis le début. Il était une fois, la petite Clara qui, plus jeune, aimait découvrir les choses par elle-même, comme la plupart des enfants. Faire des erreurs, se tromper, se faire mal était bien moins important pour elle que de prouver qu'elle était capable de se débrouiller toute seule. Bien moins préoccupant que le sentiment de fierté qu'elle pouvait ressentir à chaque fois qu'elle arrivait à faire ou obtenir quelque chose. Il n'en était rien pour ses parents dont les seules préoccupations étaient la sécurité de Clara et son apprentissage avant d'agir pour éviter l'erreur. Alors, à chaque nouvel essai de Clara, cette dernière entendait la douce voix de sa mère inquiète lui répéter en boucle : « Clara, laisse-moi faire, c'est pas possible d'être aussi têtue. » Plus tard, à l'adolescence, Clara adorait exposer ses idées lors des repas de famille. Elle aimait se confronter aux idées des autres, échanger, argumenter, prouver qu'elle aussi savait des choses pour que ses parents soient fiers d'elle. Et là, rebelote : « Mais Clara, écoute un peu ce que je te dis, j'ai plus d'expérience que toi. T'es têtue quand même. » Du coup, l'environnement de Clara n'étant pas propice à percevoir le côté lumineux de son intention et le fait qu'elle était déterminée. Clara a grandi en ne percevant que sa part d'ombre :

l'entêtement. Imaginons maintenant que Clara décide d'aller au bout de son projet professionnel. Qu'elle monte un dossier, qu'elle aille voir plusieurs banques. Que, malgré les découragements, les nuits blanches et les prises de tête, elle continue d'aller de l'avant et à croire en son projet. Qu'elle arrive à convaincre ses parents de la soutenir et de se lancer dans l'aventure avec elle. Diriez-vous qu'elle est têtue ou qu'elle fait preuve d'une détermination incroyable ?

Georges Lucas a essuyé un bon nombre de refus de producteurs pour le scénario de *Star Wars*, tout comme Sylvester Stallone pour sa saga *Rocky*. Si ces films avaient été des échecs au *box-office*, il y a de grandes chances pour que leur entourage leur reproche leur entêtement à vouloir les réaliser. Pour le coup, le résultat a plutôt mis en évidence l'importance de leur détermination. Pour en revenir à Clara, ce n'est pas tant le fait de ne pas croire en son projet ou en elle qui l'empêche de se lancer. La solution serait de lui permettre de prendre connaissance de toutes les capacités positives présentes en elle et dont elle ne perçoit que la part d'ombre. Elle se sentirait alors plus forte, et n'aurait aucun problème à montrer sa détermination à réussir.

## LE BIAIS QUI JOUE LES INFLUENCEURS

**Le biais d'attribution est à nos croyances ce que Venom est à Eddy. Les deux sont indépendamment capables du pire comme du meilleur, et, une fois en symbiose, c'est le feu d'artifice d'un 14 juillet sur une plage de Saint-Tropez, ou un feu de forêt dans les Cévennes en plein mois d'août... Ce biais joue un rôle majeur dans la manière dont nous interprétons ce qui nous arrive, pouvant ainsi renforcer nos croyances limitantes ou à l'inverse, aider nos croyances aidantes à se développer, même si la plupart du temps, surtout lorsque nous n'avons**

pas conscience de son existence, il devient le complice parfait des affirmations qui plombent notre état d'esprit.

Explications sur son fonctionnement. Le biais d'attribution est un mécanisme qui influence la manière dont nous interprétons les causes des événements qui nous arrivent, qu'ils soient positifs ou négatifs. Il se manifeste par une tendance à attribuer nos succès et nos échecs, ainsi que ceux des autres, à des causes qui confirment nos croyances existantes. Vous avez sûrement tous déjà pu expérimenter ce biais lors de vos études. Prenons l'exemple du petit Damien. Damien est nul en maths, en tout cas, c'est ce qu'il pense depuis quelque temps. Il vient de recevoir la note de son dernier contrôle, et, grande surprise : un zéro de plus pour compléter sa collection. Sa réaction est également sans surprise : « De toute façon je le savais, je suis nul en maths. » Damien vient de confirmer, avec ce nouveau contrôle, la preuve d'une de ses croyances existantes. En réalité, si Damien prenait un peu plus de recul, il verrait qu'il n'a tout simplement pas assez révisé, qu'il n'a pas demandé d'aide pour réviser et que, finalement, avec un peu plus d'efforts, il aurait pu au moins décrocher la moyenne. Mais son biais d'attribution ne s'arrête pas là. Si Damien révisait justement le prochain contrôle, et s'il obtenait une meilleure note, cela pourrait lui faire penser que sa réussite est liée à des facteurs extérieurs : « En même temps, les questions étaient assez simples » ou « J'ai eu de la chance de tomber sur une partie que j'avais bien révisée. »

Lorsque ce biais est actif, il nous accompagne dans de nombreux domaines de notre vie, venant mettre de l'huile sur le feu de nos croyances limitantes. Quelques exemples : « Je ne suis pas capable de parler en public. » Voici une croyance que beaucoup d'entre nous peuvent avoir. Il suffit de bafouiller une fois, ou de chercher un mot (ce qui arrive à tout le monde) pour que le biais d'attribution s'empresse de valider ce type de pensée : « C'est bien ce que je disais, je n'ai pas le charisme pour ça. » Et à l'inverse, si le discours se passe bien : « Ils étaient juste sympas avec moi, ils ne voulaient pas me dire que mon accent du Sud est une insulte à la langue de Molière. »

« Je suis trop vieux pour apprendre. » Ah, celui-là, on le connaît tous. Quelqu'un décide d'apprendre à jouer d'un instrument ou à utiliser un logiciel. Il galère un peu (normal, c'est le début), mais le biais d'attribution va vite s'emparer du truc : « C'est parce que je n'ai plus l'âge, je ne peux pas rivaliser avec les jeunes. » Résultat : pas de remise en question, pas d'évolution, et une croyance limitante bien ancrée. Heureusement, nous pouvons aussi utiliser ce mécanisme pour nous aider à renforcer nos croyances aidantes. Reprenons l'histoire de Clara. Après avoir lu ce livre (bravo, Clara, tu es un exemple pour nous tous), elle a finalement décidé de se lancer. La première année n'est pas à la hauteur de ce qu'elle avait imaginé. Plutôt que de laisser son biais d'attribution valider sa croyance d'origine sur son incapacité à pouvoir gérer une entreprise, Clara décide de prendre les devants et d'aller approfondir les raisons de cet échec en les reportant volontairement sur les circonstances extérieures : « Tu as fait de ton mieux, mais la conjoncture actuelle était compliquée. C'est déjà bien d'avoir pu finir cette première année » ou encore plus positif « Ce n'est pas si mal pour une première année, je peux être fière d'avoir appris autant de choses utiles pour l'année prochaine ».

La seule contre-indication à ce processus est de faire attention de ne pas tomber dans le déni et de toujours garder un regard objectif sur la situation.

## Petit exercice pour court-circuiter le biais d'attribution et en tirer avantage :

La première étape est de prendre conscience de la manière dont vous interprétez vos succès et vos échecs. Posez-vous cette question : « Est-ce que je suis objectif dans mon jugement, ou est-ce que mon biais d'attribution est en train de me la faire à l'envers ? »

La deuxième étape : réexaminer les échecs au lieu de conclure trop vite, demandez-vous : « Qu'est-ce qui objectivement a causé cet échec ? » Était-ce vraiment une incapacité personnelle, ou un manque de préparation, de ressources ou de temps ?

Dédramatisez en identifiant les facteurs réels. Valorisez vos réussites. Soyez juste envers vous-même. Si vous réussissez quelque chose, attribuez ce succès à vos compétences et à vos efforts.

Notez ces réussites, relisez-les quand vos croyances limitantes refont surface. Adoptez une mentalité de croissance. Remplacez une croyance figée par une croyance évolutive. Au lieu de penser : « Je suis nul en maths », dites-vous : « Je peux m'améliorer en pratiquant et en cherchant de l'aide. »

Une petite phrase peut faire une grande différence.

## Comment nos croyances peuvent nous rendre heureux ?

Attention, tsunami en approche, mettez-vous à l'abri, prenez du recul, et rappelez-vous que, quoi que vous puissiez penser de moi après ce que vous vous apprêtez à lire… eh bien, je m'en moque totalement. Non, je plaisante, mon besoin insatiable de reconnaissance et ma croyance limitante que ma vie n'a pas de sens sans l'amour des autres ne pourraient pas se permettre de dire n'importe quoi. Quoique.

Révélation importante, donc, sur une de mes convictions profondes et que j'ai pu valider au fil de mes expériences personnelles et professionnelles : passer trop de temps à travailler sur ses croyances limitantes se mesurerait à vider l'eau d'un bateau traversant une tempête avec une cuillère à café, au lieu de se focaliser sur le plus important : réduire la voilure et maintenir le cap. L'image est un peu forte et ceux qui ont le pied marin me reprocheront sûrement, et à juste titre, de ne rien n'y comprendre en navigation, mais c'est un peu l'idée. Je pourrais même vous donner une image plus forte et plus parlante. Considérons qu'une croyance limitante est comme un handicap visible, un pied en moins par exemple. Imaginez maintenant qu'un de vos objectifs de vie soit de gravir le mont Blanc. Est-ce que vous passeriez la plus grande partie de votre préparation à comprendre pourquoi vous avez un pied en moins et à tenter de le faire repousser ou est-ce que vous intégreriez cette particularité dans votre préparation tout en vous focalisant sur l'ensemble des éléments qui vous permettront d'y arriver ? Croire en la qualité de votre préparation ? Croire aux personnes qui vous accompagneront ? Croire en votre capacité à surmonter les épreuves ? Avoir foi en votre résilience ? Nul doute que certaines personnes tenteront de vous décourager, pensant que vous êtes bien trop têtu. À vous de croire en votre détermination à pouvoir y arriver, même avec un pied en moins.

Vous avez sûrement compris là où je veux en venir : avoir conscience de ses croyances limitantes, c'est important, car elles vous permettent de mieux vous connaître, d'identifier les freins qui vous empêchent d'atteindre vos objectifs de vie. Pour autant, le meilleur moyen de vous en débarrasser, c'est de vous en éloigner, en créant de nouvelles croyances, plus solides, et plus respectueuses de la personne que vous souhaitez être ou devenir, en faisant appel à ces fameuses croyances aidantes. La différence ? Vous pouvez choisir ces dernières. Vous pouvez décider, à certains moments clés de votre vie, que ces nouvelles convictions sur lesquelles vous allez vous appuyer constitueront le socle en béton armé de ce que vous allez bâtir.

Prenons le cas de nos amis les procrastinateurs, dont je fais bien évidemment partie. Dans l'idée générale que la plupart d'entre nous s'en font, la procrastination, c'est une sorte de petit singe paresseux vivant dans notre cerveau, accro aux tisanes de CBD, aux plaids en mérinos et au streaming. Combien de fois j'ai entendu cette phrase magique et déculpabilisante : « J'aimerais bien m'y mettre mais dès que j'essaie, je procrastine », s'ensuit régulièrement une petite auto-analyse du genre : « Je sais pourquoi je procrastine, c'est parce que j'ai une croyance limitante liée à la peur de l'échec. » Eh bien non, Sylvette, cela n'a rien à voir... Peut-être que tu procrastines parce que ton cerveau s'est rendu compte que le fameux projet dans lequel tu veux te lancer ne correspond pas tout à fait à ce que tu veux réellement, et qu'il essaie de te le faire comprendre. Ou peut-être que tu es trop stressée et que ta charge mentale déborde déjà comme une casserole sur le feu, et qu'il est temps que tu comprennes que ce n'est pas le moment de te lancer dans une nouvelle aventure. Quoi qu'il en soit, Sylvette, plutôt que de justifier le fait que tu ne te mets pas au boulot par une croyance limitante, qui, cela dit, peut effectivement exister chez toi, ou à cause du petit singe fan de Bob Marley et Snoop Dog qui vit dans ta tête, pose-toi les bonnes questions. Et si ce projet a une réelle importance pour toi, et qu'indépendamment de ta survie émotionnelle, ton bonheur en dépend, alors mets en place une bonne stratégie d'organisation, relève la tête et mets du cœur à l'ouvrage. Ce qui est intéressant, en revanche, c'est d'observer de quelle manière ce mécanisme de procrastination bien présent chez notre amie pourrait l'aider à avancer sur son projet. Car bien cadré et avec les bonnes croyances, procrastiner, c'est bien ! Et c'est même nécessaire !

Voici quelques croyances aidantes que Sylvette pourrait adopter avant de se lancer : « Si je procrastine, c'est que je peux prendre le temps de mieux comprendre mes besoins et mes priorités. » La procrastination peut révéler des doutes ou un manque de clarté sur le projet. Ces moments permettent de réajuster et de s'assurer que j'avance dans la bonne direction. « Procrastiner me permet de laisser mon esprit vagabonder et d'avoir de nouvelles idées. » Les périodes où je remets les choses à plus tard ne sont pas forcément inutiles. Mon cerveau continue à travailler en arrière-plan, générant des idées et des solutions. « La procrastination me pousse à me concentrer sur l'essentiel. » En repoussant certaines tâches, j'identifie celles qui sont réellement importantes et j'apprends à éviter les actions superflues ou peu alignées avec mes objectifs. Et enfin, ma préférée, mon mantra à moi : « Je peux utiliser la pression comme un moteur pour accomplir plus rapidement mes tâches essentielles. » Je travaille mieux lorsque je ressens une certaine urgence. Ce sentiment peut être un déclencheur pour des avancées significatives, même si j'ai cependant conscience que cela augmente temporairement mon niveau de stress.

Nos croyances ne se contentent pas d'influencer une partie isolée de notre existence : elles façonnent l'ensemble de notre équilibre de vie, depuis la manière dont nous gérons le stress jusqu'à la qualité de nos relations interpersonnelles. **Une croyance aidante, adoptée comme un mantra, permet de maintenir une vision plus claire et objective lors des moments difficiles.** Nos croyances façonnent aussi nos interactions sociales. Une croyance limitante, comme « les gens sont toujours égoïstes », peut générer méfiance et isolement. À l'inverse, une croyance positive, comme « la collaboration est bénéfique », favorise des relations harmonieuses et constructives. La confiance en soi est souvent le reflet des croyances que nous entretenons sur notre propre valeur. Se donner le choix de croire que « J'ai les ressources nécessaires pour réussir » peut transformer une perspective défaitiste en un optimisme réaliste, motivant et engageant. Si vous n'êtes pas responsable des croyances que la vie vous impose, une fois que vous avez compris comment le mécanisme fonctionne, vous devenez responsable des nouvelles croyances que vous pouvez créer.

## Le mini détective : le bon outil pour travailler avec nos croyances

Une bonne façon de contredire ses croyances limitantes, c'est aussi d'apprendre à douter, car si le doute est trop souvent perçu comme un élément d'hésitation pouvant entraver notre élan d'optimisme et notre bonheur, apprendre à douter c'est pourtant une manière de se construire, d'évoluer, de grandir. Il n'est alors pas si important de croire ou non en soi, mais plutôt d'apprendre à douter de nous-mêmes pour mieux nous connaître et nous poser les bonnes questions.

Imaginez que vous partagez votre vie avec un mini détective campé dans votre esprit. Ce détective a une particularité, celle de remettre systématiquement en question chacune de vos certitudes. Pour l'exercice, appelons-le : Lord Sceptique, vous pourrez lui attribuer le nom que vous voulez.

À chaque fois que vous pensez savoir quelque chose, que ce soit sur vous ou un élément extérieur, laissez un peu de temps à Lord Sceptique pour analyser la situation et donner son point de vue contradictoire, argumentant contre vos certitudes pour vous prouver que vous avez tort.

Prenons un exemple : Une amie vous invite à une soirée karaoké. Vous mourrez d'envie d'y aller, vous savez que ça vous ferait un bien fou, mais voilà, vous ne savez pas chanter et vous appréhendez déjà le moment où une de vos copines va vous passer le micro en insistant lourdement, et où vous vous sentirez obligée de vous taper la honte. Avant de décliner la proposition, autorisez-vous un moment de doute et faites appel à Lord

Sceptique. Demandez-lui : « Il paraît que je ne sais pas chanter, c'est vrai ? » Laissez-le ensuite développer sa réflexion sur le sujet, sachant qu'il ne peut pas être de votre avis. Il peut donc soit vous questionner, soit vous apporter des preuves que vous avez tort. Il pourrait vous dire :

« C'est quoi exactement pour toi : savoir chanter ? À qui te compares-tu pour pouvoir penser ça ? Mariah Carey ? Clara Luciani ? Aya Nakamura ? Tu vas faire un karaoké, le but c'est pas de remplir un Stade de France ! Et puis, qui t'a déjà dit que tu chantais mal ? Dans quel contexte ? Je me souviens d'une fois où tu chantais et c'était pas si mal ! C'est sûr, t'étais pas derrière un micro mais ton pommeau de douche, mais c'était bien quand même. D'ailleurs, est-ce vraiment le but principal de la soirée de savoir chanter ? Ou est-ce plutôt de s'amuser entre copines ?… »

L'idée de cet outil est de vous faire switcher, vous permettre d'adopter une perception différente de vos croyances, afin d'évaluer plus justement l'importance de faire ce qui vous plaît ou qui est nécessaire pour votre équilibre, par rapport à ce qui pourrait vous empêcher de le réaliser. Pour celles et ceux qui penseraient réellement avoir un mini détective dans la caboche, je peux vous conseiller un excellent spécialiste…

Pour prolonger l'aventure, scannez le QR code ci-dessous :

# Chapitre 4

## L'intuition

**« C'est parce que l'intuition est surhumaine qu'il faut la croire ;**
**c'est parce qu'elle est mystérieuse qu'il faut l'écouter ;**
**c'est parce qu'elle semble obscure qu'elle est lumineuse. »**

Victor Hugo

*16 août 2013, 10 heures du matin, je reçois un coup de téléphone du directeur de ma banque pro, celle de ma société pour laquelle j'ai la double casquette de gérant et de directeur artistique, et dans laquelle je suis associé minoritaire. Pour celles et ceux qui ne sont pas familiers des termes « associé minoritaire », cela signifie que la société m'appartient en partie, enfin presque, mais pas vraiment en réalité. Mais ça, je n'en savais encore rien à cette date. « Monsieur Jimenez, c'est Monsieur J. au téléphone, je vous appelle pour savoir à quel moment vous pensez pouvoir venir remettre votre chéquier et votre carte bancaire de la société ? » En une phrase, aussi banale qu'une fiente de pigeon sur un trottoir parisien, je viens d'apprendre que je suis révoqué de ma gérance par mes chers associés. Ce 16 août, je suis en vacances en famille et en quelques secondes, je comprends que je suis en train de perdre ma société, ma rémunération et toute la sécurité qui les accompagne. Je comprends alors le véritable sens du mot « minoritaire » : j'ai le droit de donner mon avis sur la manière de gérer mon entreprise et sur les décisions à prendre, mais pas trop quand même, surtout quand mes autres associés, eux majoritaires, sont copains comme cochon. Si je peux en parler aujourd'hui avec le sourire et en me permettant même une pointe d'humour, je peux vous garantir qu'à l'époque, les jours qui ont suivi, que dis-je les jours, les semaines, et même les mois, ont été une véritable descente aux enfers émotionnelle. Heureusement, les mois précédents avaient déjà plus ou moins servi de préliminaires. Une de mes connaissances professionnelles de l'époque s'apparentant grandement à ce que l'on appelle aujourd'hui un pervers narcissique, c'est-à-dire, une personne capable de me demander à 14 heures, publiquement, comment vont mes enfants, tout en m'appelant à minuit pour me dire que je ne sers à rien, j'étais déjà depuis quelque temps très proche de quitter malgré moi le navire et de boire la tasse. Sans parler de ma fille, qui, quelques jours à peine après sa naissance, a enchaîné les hospitalisations pendant un an. De novembre 2012 à août 2013, ma routine quotidienne était aussi entraînante et motivante que la chanson « Le chanteur malheureux » de Claude François : levé à 6 heures, journée de merde, relève de ma femme, nuit à l'hôpital et rebelote le lendemain. À cette époque, j'ai 30 ans, je suis papa de deux enfants et nous sommes retournés habiter chez mes parents. La classe quoi… Le 17 août, je me retrouve donc sans avenir. C'est comme ça que j'imagine les choses en tout cas. J'ai peur, j'ai honte, je culpabilise. Je ressens une injustice immense par rapport à ce qui m'arrive. Nous n'avons pas d'argent et je n'ai pas les moyens de me défendre correctement, de faire valoir mes droits. J'apprends dans la foulée que la société n'a pas payé mes charges sociales comme elle l'a fait pour mes associés. Je peux vous dire une chose, si on peut parfois se plaindre de la lenteur administrative, lorsqu'il s'agit de recouvrir une dette, l'escargot se transforme en guépard ! Me voilà en plus à devoir gérer les huissiers pour rembourser une somme de plusieurs dizaines de milliers d'euros alors que je n'ai même pas de quoi faire un plein d'essence. Le côté positif c'est que, niveau routine quotidienne, j'ai beaucoup plus de temps qu'avant ! La question c'est : quoi faire de ce temps ? Quand on a passé plusieurs années à travailler sur le même projet et qu'on nous le retire du jour au lendemain, sans préavis et sans droit au chômage, le temps devient à la fois une ode à la liberté et aux possibles, et une épée de Damoclès qui se rapproche chaque jour dangereusement de notre tête. Pas le temps de respirer, de prendre du recul, de nous poser. Nous devons à la fois gérer les problèmes engendrés par la situation passée, les urgences immédiates liées à notre système de survie, tout en pensant à notre avenir. J'ai l'impression de vivre un mauvais remake du film* Retour vers le futur. *Remake* low cost, *bien entendu... Je me souviens très bien de cette phrase de ma femme alors que nous étions sur la terrasse de mes parents : « Écoute Olive, lance-toi, fais ce que tu sais faire de mieux, crée un truc et moi je m'occupe de gérer les comptes. » Cette phrase a résonné pour moi comme un : « Moteur, action ! » Et comme beaucoup d'autres moments dans ma vie, il a suffi de quelques mots de ma femme pour me remettre en mouvement. J'avais plein d'idées, certaines me permettant rapidement de combler mon besoin de survie (trouver un travail, faire un job alimentaire, etc.), d'autres comblant des envies plus personnelles, mais nécessitant plus de temps de mise en place, et enfin des pistes de réflexion plus nuancées, basées sur mes années d'expérience et préservant mon indépendance. Tout était très flou dans ma tête et j'avais du mal à faire le tri. Et puis une idée a surgi au milieu des autres. Plus qu'une idée, c'est en réalité un nom et un visage, celui de la personne qui s'était occupée de moi lors de mon tout premier stage en communication, presque dix ans en arrière. Nous avions un peu travaillé ensemble quelques années auparavant, avant que je ne sois associé, lorsque j'étais encore free-lance. Nous nous étions toujours bien entendus et j'avais un profond respect pour lui, que je considérais un peu comme une sorte de Maître Yoda. Dans cette période de doute et à un des moments les plus fragiles de ma vie, c'est donc à lui que j'ai pensé. J'ai eu cette intuition que je devais l'appeler. Pour lui dire quoi ? Je n'en savais rien. Peut-être juste besoin de lui raconter mon histoire, d'avoir son soutien, son regard bienveillant. Peut-être aussi besoin de me faire secouer les méninges. Après tout, Lionel, c'est un créatif, un gars qui transpire la sagesse et la sérénité tout en dégageant une certaine autorité naturelle et juste. Un vrai Maître Jedi. J'avais peut-être simplement besoin de retourner à la source, là où ma quête avait démarré. Vous vous souvenez, notre premier thème, celui du héros ? Si oui, vous pouvez passer au paragraphe suivant, si non, bonne (re)lecture ! Je vous passerai tous les détails de la suite de l'histoire : un coup de téléphone, une rencontre, une association, une longue collaboration. Lionel a su me redonner l'envie. Il m'a donné de l'importance et de la légitimité en me faisant confiance, là où d'autres avaient commencé à forger chez moi un sentiment d'inutilité. Je peux compter sur les doigts d'une main les personnes qui m'ont permis d'être qui je suis aujourd'hui et, quand on enlève la famille, il ne reste pas beaucoup de doigts, Lionel en est pourtant un. Et pour toute la confiance qu'il m'a apportée sur les années qui ont suivi cette première intuition, pour sa vision décalée des choses, je dirai qu'il s'agit du majeur. Un majeur fier, bien droit et tourné vers tout ce passé difficile que j'ai mis plus de dix ans à évacuer et à éponger. Merci, Lionel, tu es une de mes plus belles intuitions et un Maître Jedi formidable.*

## D'où vient l'intuition ?

Qui ne s'est jamais dit un jour : « Ah, si je m'étais écouté… » ou encore : « Je sens bien que… » Lorsque l'on rencontre une nouvelle situation, ou une nouvelle personne, avant même de comprendre ou d'analyser, notre corps nous envoie une sorte de signal. Sous forme de flash, d'une petite voix intérieure, ou de ressenti, cette information semble jaillir en nous telle une évidence tout en nous plongeant profondément dans le doute. Ce message, qui ne repose sur aucun raisonnement, aucune étude, c'est l'intuition. Une indication précieuse, brute et spontanée, qui semble arriver de nulle part, sans passer par la case « mental ». Albert Einstein, Simone Weil, Steve Jobs, Socrate, Bouddha, Olivier Jimenez (ça fait un peu narcissique non ? Je vous l'accorde…), ils étaient et sont nombreux à raconter leurs expériences intuitives, à expliquer comment ils ont pu résoudre une problématique en dormant, ou développer des idées de génie en laissant leur esprit divaguer. Certains parleront d'instinct, de feeling, de connexion, mais pour finir, nous nous posons tous la même question : d'où provient cette donnée qui semble parfois s'apparenter à une connaissance ? Comme je n'ai moi-même pas la réponse sur le sujet, et que je trouve plutôt cool que chacun puisse choisir l'explication qui lui paraît la plus utile, la plus juste, voici, dans un premier temps, quelques pistes de réflexion en fonction de différents points de vue. Nous verrons ensuite de quelle manière nous pouvons utiliser notre intuition pour prendre de meilleures décisions, ou en tout cas, des décisions susceptibles de nous rendre plus heureux.

## L'intuition expliquée par la psychologie cognitive

*« L'intuition est l'intelligence qui commet un excès de vitesse. »*

Henry Bernstein

Alors là, attention, on va sortir le mot savant, alors autant vous en donner la définition avant de commencer. Heuristique :

1. adjectif : Qui sert à la découverte.

2. nom féminin : Partie de la science qui a pour objet les procédures de recherche et de découverte.

J'avoue que, sortie de son contexte, la définition n'est pas très parlante. Contextualisons, donc. La psychologie cognitive (appelons la PC pour économiser le nombre de caractères autorisés par mon éditeur) aborde la notion d'intuition comme un mécanisme de notre esprit, lui permettant de traiter plusieurs informations de manière rapide et automatique en s'appuyant sur des processus inconscients. Une sorte de super ordinateur capable d'analyser à la vitesse de l'éclair une somme de données importantes basées sur nos expériences passées et sur notre mémoire implicite, c'est-à-dire notre mémoire émotionnelle couplée à notre mémoire procédurale (automatismes, gestes). La PC définit ainsi l'intuition comme un processus reposant sur des heuristiques (il est temps de relire la définition) et des raccourcis mentaux.

Petite mise en situation. Nous sommes lundi matin, vous venez d'arriver au travail et comme tous les jours, vous passez quelques minutes en salle de pause avec vos collègues, afin de bien commencer la journée. Vous en profitez pour faire des suppositions sur votre nouveau manager que vous ne connaissez pas encore et qui doit démarrer le jour même. En parlant de nouveau manager, le voici justement qui entre dans la salle. Vous levez les yeux, il vous fait un grand sourire amical et là, allez savoir pourquoi votre lèvre supérieure se met à trembler. Non, il ne s'agit pas de signes avant-coureurs d'un AVC, et, même si vous faites tout votre possible pour paraître aimable et avenant, votre visage ressemble plus à celui d'un teckel en colère qu'à un collègue bienveillant. À ce moment-là, c'est tout votre système de survie qui est en train de s'activer, avec en tête de file, votre amygdale, qui évalue la situation comme potentiellement dangereuse, sans vraiment savoir pourquoi. Le visage de votre nouveau manager a peut-être réveillé chez vous certains souvenirs enfouis, créant un véritable malaise et une réaction défensive. L'intuition est passée, et elle vous a transmis un message émotionnel, sous forme de réaction physique.

Un célèbre psychologue américain, Paul Ekman, a mené de nombreuses recherches sur le lien entre nos micro-expressions et nos émotions. Ses travaux apportent un éclairage très intéressant sur notre capacité « intuitive » à ressentir une personne ou une situation. En captant et en interprétant de manière inconsciente certains signaux, notre cerveau va transformer notre ressenti émotionnel en stimuli musculaires, principalement localisés sur notre visage. Un peu comme si notre visage était une sorte d'instrument de musique, composé, selon les recherches de Paul Ekman, de 43 muscles faciaux, capables de produire environ 10 000 expressions, dont 3 000 porteuses de sens. Notre « instrument facial » peut alors jouer 7 micro-expressions universelles, semblables à tous les êtres humains, peu importe leur culture, leur éducation ou leur nationalité : la joie, la surprise, la colère, le dégoût, la peur, la tristesse, le mépris. Ces micro-expressions, étroitement en lien avec nos émotions primaires (et vice-versa… Sans référence au film…), représentent le résultat d'un ressenti intuitif.

La psychologie cognitive nous apprend donc que notre intuition influence directement nos émotions. Mais en retour, nos émotions peuvent modifier nos jugements intuitifs. Ce double sens peut sembler complexe, mais il s'agit d'un mécanisme clé de nos prises de décision.

Prenons l'exemple de Bobby. Cela fait des années qu'il est en froid avec son frère. Pourtant, chaque fois qu'il pense à lui, une idée lui vient : il devrait l'appeler. Cette pensée intuitive est claire et évidente. Mais dès qu'elle surgit, elle déclenche une émotion forte : la peur. Pour Bobby, tout se complique ! D'un côté, une part de lui le pousse à passer cet appel ; de l'autre, tous les voyants émotionnels semblent au rouge. Pourquoi ? Trois étapes expliquent ce processus :

- La pensée intuitive : une idée soudaine et spontanée qui surgit sans effort.
- Le ressenti émotionnel : une réaction automatique, nourrie par nos expériences, nos souvenirs et nos peurs.
- Le jugement intuitif : une conclusion tirée de ce ressenti, qui ne passe généralement pas par une réflexion consciente. Dans le cas de Bobby, l'idée d'appeler son frère semble naturelle. Mais rapidement, il imagine tout ce qui pourrait mal se passer. Ce flot d'émotions, dominé par la peur, l'incite à interpréter cette intuition comme une mauvaise idée.

Résultat : il décide de ne pas appeler. Nos émotions agissent donc comme des signaux rapides, souvent inconscients, qui orientent nos décisions de manière quasi instantanée.

L'un des concepts les plus significatifs dans ce domaine est celui des marqueurs somatiques, développé par Antonio Damasio. Selon lui, nos émotions génèrent des réponses physiologiques, comme cette fameuse boule au ventre par exemple, qui servent de repères pour évaluer une situation ou une décision. Ces marqueurs somatiques agissent comme un système d'alarme biologique : ils nous indiquent si une option est favorable ou risquée, nous permettant de réagir rapidement sans avoir à décortiquer chaque détail. Dans l'idée, notre corps parlerait donc avant même qu'on ait le temps de cogiter. Plutôt cool comme concept, malheureusement, cela n'a rien d'infaillible et cela peut même parfois mettre un sacré bordel dans nos têtes ! Lorsque nos émotions deviennent trop intenses, comme en situation d'anxiété, de colère ou d'euphorie, par exemple, elles peuvent biaiser nos jugements intuitifs. Une émotion trop marquée peut nous pousser à surévaluer un danger ou à minimiser un risque réel, rendant l'intuition moins fiable. Les psychologues appellent cela des biais émotionnels, sorte de cousins de nos biais cognitifs, et ils rappellent que, bien que les émotions soient un outil précieux pour guider nos intuitions, elles nécessitent parfois d'être recadrées par une analyse plus rationnelle. Peut-être que, si Bobby avait suivi sa pensée intuitive, ou simplement recadré son ressenti émotionnel, il passerait, cette année, Noël en famille.

En résumé, d'un point de vue cognitif, l'intuition, c'est le résultat d'une multitude de calculs réalisés à la vitesse de l'éclair par notre super ordinateur : l'inconscient. En s'entremêlant en permanence, nos intuitions et nos émotions influencent considérablement nos jugements. Avoir une meilleure connaissance de ce mécanisme peut nous aider à prendre des décisions plus alignées avec nos valeurs et nos objectifs de vie. Quand on y pense, c'est quand même dingue ce que notre cerveau peut arriver à faire sans avoir besoin de réfléchir. Et dire qu'on n'est parfois pas foutu de remplir un lave-vaisselle correctement…

## L'intuition chez nos amis philosophes

*« La logique vous emmène d'un point A à un point B. L'imagination et l'intuition vous emmènent partout. »*
Albert Einstein

L'intuition fait partie de ces sujets mystérieux qui fascinent le monde depuis la nuit des temps, de ces thèmes qui ont fait, et qui font encore, cogiter les plus grands esprits. Si la psychologie cognitive tente d'apporter une vision très pragmatique et biologique de nos mécanismes intuitifs, la philosophie, par sa vocation à interroger les concepts fondamentaux de notre existence, offre une multitude de perspectives pour aborder cette notion d'intuition. Elle la considère tour à tour comme un outil de connaissance, une faculté cognitive, voire comme un phénomène transcendant, reliant l'être humain à des vérités qui échappent parfois à l'analyse rationnelle. En explorant les idées de différents courants philosophiques, on découvre que l'intuition peut être vue comme une clé pour saisir l'essentiel, une sorte de passerelle invisible entre la pensée analytique et une forme de sagesse immédiate et universelle. « Je pense, donc je suis. » Mais si ce n'est pas moi qui pense ? Si ma pensée est intuitive et non raisonnée, est-ce que je continue à être ? Bon, OK, j'arrête la philosophie de comptoir.

Si on peut parfois se demander dans quelles conditions douteuses nos chers philosophes pouvaient développer leurs réflexions, il n'empêche qu'il est toujours passionnant de plonger dans leurs pensées. Vous avez sans doute reconnu cette célèbre citation de René Descartes (hommage à ma grand-mère qui portait le même prénom). La légende dit que René Descartes aurait écrit une partie de son œuvre majeure : *Le Discours de la méthode*, en dormant… N'étant ni de la lignée dudit monsieur et ayant clairement la flemme de faire des recherches approfondies sur le sujet, je me permets d'émettre un gros doute là-dessus. Cependant, comme dans toutes les légendes, il existe certainement une part de vrai, ce qui rend le contexte un peu cocasse. Vous connaissez sûrement la définition de l'adjectif « cartésien », relatif à notre cher Descartes ? Vous trouvez ça cartésien vous, que quelqu'un explique avoir développé une partie de sa réflexion en dormant ? Je vois déjà les critiques férus de philosophie bondir et s'insurger. Calmez-vous, il s'agit juste d'un raccourci facile, d'une boutade légère et, pour le coup, raisonnée.

Pour René Descartes, l'intuition est une évidence intellectuelle. Une forme de connaissance directe. Elle est cette capacité à saisir une vérité de manière immédiate, sans l'intermédiaire d'un raisonnement. Dans son *Discours de la méthode*, justement, Descartes place l'intuition au cœur de la certitude. Selon lui, c'est par l'intuition que l'esprit capte les principes sur lesquels repose tout raisonnement. Sa célèbre phrase « Je pense, donc je suis » repose donc sur cette clarté intuitive : l'existence du sujet pensant s'impose à l'esprit sans qu'aucune démonstration ne soit nécessaire. Ici, la philosophie montre que l'intuition peut être une voie d'accès à la vérité, mais une vérité qui exige un examen rigoureux pour s'ancrer dans le réel. En gros, si votre intuition vous dit que votre manager est fourbe et perfide, c'est qu'il existe dans cette idée une part de vérité, votre vérité. Si sa fourberie vous pose des problèmes relationnels, ce sera à vous de faire de cette vérité personnelle, une vérité absolue, en y apportant les preuves vérifiables afin que votre manager ne soit plus un problème pour personne…

Dans un autre registre, Edith Stein, philosophe et disciple d'Edmund Husserl (je sais, ça ne vous aide pas beaucoup, mais on n'est pas là pour faire un cours de philo, et je ne suis même pas compétent pour ça d'ailleurs !), a profondément enrichi la phénoménologie[11], notamment en y intégrant une réflexion sur l'intuition empathique. Pour Stein, l'intuition est au cœur de la manière dont nous percevons et comprenons les émotions et les expériences des autres. Dans son ouvrage *L'Introduction à la philosophie et d'autres écrits*, elle développe l'idée que l'intuition, entre autres choses, est une forme de connaissance immédiate qui permet d'appréhender l'intériorité d'autrui. Selon elle, l'empathie est un acte intuitif par excellence : un processus par lequel nous ressentons ce que vit l'autre sans avoir à analyser ou expliquer. Cette capacité à « sentir » les états d'âme d'une personne repose sur une connexion immédiate qui transcende les barrières rationnelles. Edith Stein montre ainsi que l'intuition n'est pas seulement personnelle, mais qu'elle représente aussi une porte ouverte sur la relation et la compréhension humaines. Dans une société où notre capacité empathique est parfois perçue et ressentie comme une vulnérabilité, cette réflexion fait du bien et crée un pont direct avec nos mécanismes de survie. L'intuition serait-elle un moyen de créer du lien ? Une manière d'établir une sorte de sélection naturelle pour mieux survivre en groupes ? Et si notre intuition était une des clés de notre survie ?

## L'intuition, une histoire de connexion spirituelle ?

11. « La phénoménologie est l'étude de phénomènes, étude dont la structure se fonde sur l'analyse directe de l'expérience vécue par un sujet. On cherche le sens de l'expérience à travers les yeux d'un sujet qui rend compte de cette expérience dans un entretien ou dans un rapport écrit. » (Wikipédia)

*« L'intuition vous connecte à quelque chose de plus grand, une sagesse universelle au-delà de l'intellect. »*
Deepak Chopra

Ce qu'il y a de bien avec la notion d'intuition, c'est qu'il y en a pour tous les goûts. On peut même additionner spiritualité et psychologie, ou philosophie et cognitif, toutes les approches sont bonnes. Finalement, comme dans le cochon, dans l'intuition, tout est bon ! Enfin, concernant le cochon, je ne sais pas vraiment étant donné que je suis végétarien… D'ailleurs, c'est assez drôle, car c'est un peu grâce à mon intuition que j'ai arrêté de manger de la viande. Au fil du temps, traduisez par « en vieillissant », je ressentais de plus en plus de dégoût à en manger, jusqu'à ne plus pouvoir du tout. Et oui, le gars pénible le soir de Noël, c'est moi ! Celui pour qui ma mère doit se casser la tête pour trouver un plat aussi appétissant qu'une bonne vieille dinde avec comme base de réflexion, quelques-uns des aliments qui rapportent le moins de points au Scrabble : soja et tofu. Et comme on ne fait jamais les choses à moitié dans la famille, mon frangin est en outre éleveur de viande bovine. C'est dire le niveau de tolérance réciproque. En même temps, une bonne perruque et un karaoké et on oublie nos différences… Mais revenons-en au sujet.

Dans certaines traditions spirituelles, l'intuition est perçue comme un accès privilégié à une sagesse universelle, une porte d'entrée vers des dimensions cachées de la réalité. Le chamanisme, par exemple, voit l'intuition comme un fil invisible qui relie l'individu à ses ancêtres, à la nature et aux esprits. Elle devient alors un outil pour capter des vérités transmises par des forces qui nous dépassent, qu'elles soient terrestres ou universelles. Pour accéder à ce savoir intuitif, pour créer cette connexion, il est nécessaire de faire le vide, de cultiver le silence, afin de préserver son esprit de toute l'agitation qui nous entoure. Cet apaisement intérieur est une des conditions pour laisser parler cette voix subtile et timide qu'est notre intuition.

Carl Gustav Jung, dans son exploration de l'inconscient collectif, renforce cette idée d'une intuition comme canal vers une mémoire universelle. Pour Jung, l'intuition n'est pas simplement une fonction cognitive isolée, elle nous relie à des archétypes partagés par l'humanité tout entière, des symboles fondamentaux qui jalonnent notre psyché depuis des millénaires. Ces archétypes, selon lui, sont comme des réservoirs de sagesse universelle, et l'intuition agit comme une antenne, captant ces signaux enfouis. Ainsi, l'intuition devient un pont entre l'individuel et le collectif, entre le conscient et l'invisible, un outil permettant de naviguer dans la complexité du monde à l'aide d'un GPS qui transcende l'expérience personnelle. Victor Hugo, quant à lui, perçoit l'intuition comme une lumière intérieure, une force spirituelle qui connecte l'âme humaine à l'infini. Pour lui, elle dépasse les limites du raisonnement et de la perception ordinaire. Dans ses écrits, notamment dans *Les Contemplations*, Hugo évoque cette « vision intérieure » qui permet à l'homme de pressentir des vérités universelles, de capter des éclats d'éternité au-delà du tangible. L'intuition chez Hugo est une inspiration presque divine, une connexion mystique avec l'essence même du monde et de l'existence. Elle éclaire les ténèbres de l'ignorance et nous guide vers une vérité plus grande, celle qui dépasse les mots et les concepts. Si la psychologie cognitive place l'intuition au départ de tout mécanisme de réflexion, demandant à être vérifiée et raisonnée afin de nous permettre de prendre les meilleures décisions possibles, d'un point de vue spirituel, l'intuition représente plutôt un tout, un processus indépendant de notre cognition ou de nos émotions. Elle se suffit donc à elle-même, et pour pouvoir en profiter, il faut alors lui faire de la place. Vous connaissez l'image du vieux sage qui explique qu'avant de pouvoir remplir sa tasse de sagesse, il faut d'abord la vider de conneries ? Ou un truc dans le genre ? Eh bien, pour l'intuition, ce serait la même chose. Pas sûr qu'il vous suffise de méditer dix minutes par jour pour connaître à l'avance les numéros du Loto, mais pour prendre des décisions plus justes, pour mieux « sentir » les choses ou éviter de vous lancer dans des projets importants avec des personnes ayant autant de sensibilité qu'une huître le jour de la Saint-Sylvestre, il y a de grandes chances que cela puisse vous aider.

Finalement, peu importe la manière dont nous souhaitons percevoir notre intuition, dans tous les cas, il s'agit d'un outil incroyable que nous pouvons apprendre à utiliser au quotidien. L'intuition est à la fois une impulsion basique, un fragment de notre instinct de survie et un mécanisme complexe qui nous martèle d'informations et de signaux. L'intuition, c'est notre GPS. Un GPS qui nous donne parfois des indications en coréen, c'est vrai, mais un système de guidage puissant que nous pouvons choisir de suivre, ou pas. La légende raconte que lorsqu'il prononça son fameux « Eurêka », Archimède a tellement été surpris et heureux de sa découverte spontanée, qu'il sauta de son bain pour se rendre à sa maison, sans prendre le temps de s'habiller. Si, un jour vous avez une intuition fulgurante vous permettant de dénouer un problème complexe, pensez quand même à enfiler un vêtement avant de courir nu dans la rue, pas sûr que vos voisins apprécient le spectacle…

## LE BIAIS QUI SENT LE TRUC VENIR… OU PAS

*« L'intuition est une chose précieuse, mais elle peut aussi vous mener en bateau si vous ne l'examinez pas. »* Daniel Kahneman

Il est 11 heures, après une nuit de doute, un lever aux aurores, une attente interminable au check-in et un contrôle douanier un peu douteux, vous voici prêt à embarquer pour l'île de La Réunion. Ce voyage, vous en rêvez depuis longtemps et après des mois d'attente, c'est le grand moment : vous allez prendre l'avion pour la première fois. Partagé entre euphorie, impatience et émerveillement, c'est pourtant la peur qui prend le dessus. Votre trouillomètre est à –1000, vous êtes aussi trempé qu'un slip de bain après deux heures de natation, et à ce moment précis, un flash vous traverse l'esprit : vous imaginez un avion en train de s'écraser… L'angoisse !

Que faire de cette « vision » ? Est-ce une intuition prémonitoire ou est-ce un de vos biais cognitifs qui vous joue des tours ? Dans ce cas précis, il y a de grandes chances qu'il s'agisse de la seconde explication, et d'un biais cognitif en particulier : le biais de disponibilité. Le biais de disponibilité, c'est ce petit raccourci mental qui nous pousse à évaluer la probabilité d'un événement ou la pertinence d'une information uniquement en fonction de la facilité avec laquelle elle nous revient en tête. En clair : plus un souvenir est récent, impactant ou chargé d'émotion, plus il influence notre jugement. Dans bien des cas, nous l'avons vu, ce mécanisme nous simplifie la vie, il permet de prendre des décisions éclairs, en deux temps, trois mouvements. Mais voilà le hic, notre mémoire est loin d'être une représentation fidèle de la réalité. Ce biais vient alors court-circuiter notre intuition, amplifiant des impressions souvent subjectives, fondées sur des souvenirs approximatifs. On oublie alors de passer par le filtre de l'analyse rationnelle, et notre esprit joue au chef d'orchestre… sans vérifier la partition.

Dans votre cas, vous aviez regardé il y a quelques années un reportage vraiment intéressant, du genre de ceux qu'on regarde sur les chaînes de la TNT à 2 heures du mat et qui haussent notre niveau d'anxiété de 100 % en seulement trois mots et une image. Ce reportage expliquait comment ont eu lieu les plus grands accidents d'avion des 30 dernières années. Dans les faits, le pourcentage d'accidents sur les vols long-courriers sur cette période est d'environ 0,001 %, soit 300 accidents pour 40 à 50 millions de vols. Sauf que condensés et mis bout à bout sur 60 minutes de reportage, le sentiment qui s'en dégage n'est pas génial ! Votre mémoire va donc se rappeler ce que vous avez ressenti face à ce résumé catastrophe tout en occultant les informations principales. À quelques minutes de vous envoyer en l'air, normal que tout votre organisme soit en panique ! L'image d'horreur qui vous vient et qui se rapproche d'une intuition n'est alors qu'un signal de peur fondé sur un souvenir déformé, s'appuyant lui-même sur une émission dont le but premier est de faire monter votre taux de cortisol. Comment déjouer ce biais cognitif ?

Reconnaître le biais Ça peut paraître évident, mais le premier travail à faire, c'est de prendre conscience de l'existence de ce biais cognitif. Cela vous permettra de prendre instantanément du recul et de pouvoir avoir un regard plus objectif sur la situation. Pour vous y aider, vous pouvez vous poser ces questions :

- Est-ce que mon jugement est influencé par un événement récent ?
- Pourquoi cette idée me semble si évidente ? Pourrait-elle être influencée par une situation vécue similaire ? Par un événement qui m'a fortement impacté émotionnellement ? Exemple : si vous craignez de prendre l'avion à cause d'un crash récemment médiatisé, réalisez que cette peur est amplifiée par la couverture médiatique et l'information récente et non par la probabilité réelle. Collectez des données objectives. Faites appel à des faits et des données vérifiables pour contrer l'influence de souvenirs marquants.
- Cherchez des études, des chiffres ou des exemples concrets qui remettent en question votre perception.
- Posez-vous la question : « Quelle est la probabilité réelle de ce que j'imagine ? » Par exemple, si vous ne pouvez pas sentir votre nouveau manager, laissez-lui le bénéfice du doute et attendez de voir son comportement et ses actions avant de balancer de fausses rumeurs sur lui, comme son hypothétique

passion pour le cuir et les châteaux forts. Forcez-vous à adopter un point de vue différent. Imaginez jouer le rôle d'une personne qui n'est pas d'accord avec vous. Quels seraient ses arguments pour vous démontrer que vous vous trompez ? Comment s'y prendrait-elle pour vous convaincre que ce que vous ressentez n'est pas justifié ?

## L'ombre et la lumière de l'intuition

### Le cas d'Axel

Au travail, Axel est très appliqué et consciencieux. Il s'entend bien avec la plupart de ses collègues, s'implique dans beaucoup de projets liés au développement de son entreprise. Bref, il fait le job et on ne peut rien lui reprocher ! Il y a pourtant un comportement chez Axel qui exaspère son entourage professionnel : lorsqu'il est face à un imprévu, ou qu'on lui fait une remarque liée à son travail, il a tendance à vite s'emporter et à faire preuve d'impulsivité. Il réagit au quart de tour, sans réfléchir, amplifiant parfois la gravité de la situation au lieu de se contenter de la gérer avec calme et objectivité.

Cependant, récemment, lors d'une réunion durant laquelle il n'était pas en accord avec les objectifs fixés par l'entreprise, Axel a littéralement pété une durite. Pendant deux heures, il est resté assis, sans rien dire, rongeant son frein en silence, jusqu'à ce qu'un collègue le pointe maladroitement du doigt en impliquant en partie sa responsabilité sur un dossier. Axel s'est alors levé brusquement, baragouinant dans sa barbe et a quitté la salle. S'en suivent une série de pensées ruminantes, une immense frustration, sans parler de l'incompréhension de ses collègues, pour qui la situation ne méritait pas une telle réaction impulsive.

Dans son ancienne boîte, Axel était très investi. Il aimait partager ses idées et montrer à son N+1 qu'il pouvait avoir confiance en lui. Cependant, ce dernier, un brin castrateur sur les bords, ne lui a jamais vraiment donné sa chance. Pire, il lui a même reproché à plusieurs reprises de se mêler de sujets qui ne le regardaient pas, sapant à chaque fois un peu plus l'élan de bonne volonté d'Axel et finissant par le dégoûter. En quittant l'entreprise, Axel s'est promis une chose : les prises d'initiative, c'est terminé ! Ainsi, il a renoncé inconscient à une belle capacité : sa spontanéité.

Le problème, c'est que s'il ne permet pas à cette capacité d'être nourrie au quotidien, à un moment, elle surgira d'elle-même sans qu'il puisse vraiment la contrôler. Dans le mauvais environnement, au mauvais moment ou à une intensité disproportionnée, sa spontanéité sera alors perçue comme de l'impulsivité. Là aussi, difficile de chercher à être moins impulsif, quand ce mécanisme est gravé dans sa personnalité. Dommage également de devoir se couper totalement de sa spontanéité, tant cette capacité lui serait utile dans une entreprise comme celle où il est actuellement et où il est écouté, ou encore, dans sa vie personnelle, où elle lui permettrait de surprendre sa copine en organisant un week-end à la dernière minute ou en se levant brusquement du canapé à 22 heures pour l'inviter à danser.

La clé pour Axel, c'est donc de comprendre que son comportement impulsif n'est que le résultat incontrôlé d'une capacité dont il essaie de se couper à cause d'une mauvaise expérience : sa spontanéité. En prenant conscience de ça, il pourrait décider de donner un rôle plus important dans sa vie à cette spontanéité, tout en faisant attention qu'elle ne prenne pas une place trop grande. Il pourrait ainsi être plus actif lors des réunions, et ainsi éviter d'accumuler la frustration jusqu'à l'explosion.

## Comment notre intuition peut-elle nous rendre heureux ?

Quelle soit perçue comme une boussole intérieure, une IA avant-gardiste et révolutionnaire, une connexion spirituelle avec l'univers, ou une part de nous un peu pénible qui nous empêche parfois de flairer les bons coups, une chose est sûre : notre intuition ne nous veut que du bien. À condition de bien la comprendre, de lui laisser assez de place dans notre vie, et de savoir aussi la recadrer, notre intuition nous permet de prendre des décisions plus alignées avec nos aspirations profondes et nos valeurs. Elle joue le rôle de gardien du temple, de conseillère, d'acolyte. Elle est notre partenaire de padel, notre copilote de rallye, notre binôme infaillible. Notre intuition, c'est la roue arrière du vélo, la voix *off* de Forrest Gump, la pincée de sel sur un gâteau au chocolat (essayez et vous verrez… On ne peut plus s'en passer !).

Notre intuition, c'est aussi la chaussette de Dobby, le ticket d'or de Willy Wonka, la pomme de Newton, la pilule rouge de Néo, la clé du collier d'Edmond Dantès, la carte de Dora l'exploratrice (j'ai déjà donné cet exemple non ? Faut vraiment que je me pose des questions sur mes références…)

### Notre intuition comme point d'ancrage

Au quotidien, notre intuition nous reconnecte à notre authenticité. Elle nous fait ressentir certaines décisions comme fluides et évidentes et au contraire, peut nous transmettre une sensation de blocage et de retenue vis-à-vis de certaines situations. Elle nous permet de nous détacher de l'influence et des préoccupations extérieures, de nous affranchir de nos peurs, de nos croyances et de nos insécurités pour nous connecter à nos véritables besoins. Si vous ressentez un frisson vous parcourir l'échine, accompagné d'un bref sentiment de vide intérieur, alors que votre patron vient de vous proposer un poste avec plus de responsabilités et une augmentation dont vous rêviez depuis longtemps, pas sûr que cette future situation, qui représente sûrement pour vous un idéal financier et sécurisant, vous permette de vous sentir plus heureux... Et si vous avez ressenti la même chose au moment de dire « oui » le jour de votre mariage et que vous êtes célibataire aujourd'hui, vous voyez de quoi je parle.

## Notre intuition comme décharge mentale

Notre intuition nous permet donc de prendre de meilleures décisions, à condition de compléter notre premier ressenti par un jugement objectif et parfois un raisonnement plus poussé de la situation. Dans des cas plus « légers », avec des enjeux moins importants, notre intuition peut également nous aider à choisir plus rapidement et nous permettre d'alléger cette charge mentale quotidienne, souvent plombée par de petites décisions paraissant futiles et pourtant toujours importantes : choisir les repas de la semaine, sélectionner un film, une série ou un reportage à regarder, choisir une tenue pour s'habiller, la prochaine destination de vacances, la séance de sport du jour, etc.

Dans notre société saturée par l'information et les articles racoleurs et contradictoires qui nous donnent parfois la sensation de nous enfoncer dans des sables mouvants, notre intuition, c'est cette liane hyper solide qui nous permet de nous dégager rapidement de tout ça. En faisant appel à notre intuition, nous réduisons le stress lié à la prise de décision, tout en laissant un peu de place à l'improvisation et la surprise dans nos vies. Pour vous donner un exemple, je pratique beaucoup de sports différents depuis mon enfance. J'ai tenu pendant très longtemps des programmes et fais preuve d'une grande discipline dans mes pratiques sportives. Aujourd'hui, j'aime le sport instinctif, sans prise de tête : me lever le matin et me demander quelle activité je pratiquerai dans la journée, m'adapter aux conditions météo, à mon état du jour. Je connais, dans les grandes lignes, ce qu'il est important d'intégrer chaque semaine et pour le reste, je m'en remets à mon intuition.

## Notre intuition comme ange gardien

Parfois, il arrive que l'on pense à quelqu'un sans raison. Il arrive qu'on ait soudainement envie de manger un truc, de regarder un film en particulier, de nous rendre à un endroit précis. Dans ces moments, notre intuition nous envoie un signal émotionnel fort. Elle nous rappelle notre besoin, de nous reconnecter à quelqu'un, à quelque chose. Dans ces moments, il n'est pas nécessaire d'y réfléchir à deux fois. En répondant favorablement à ces pensées intuitives, à ces émotions subtiles, nous acceptons d'être à l'écoute de certains besoins enfuis, de situations non réglées, d'envies non assouvies.

J'en profite pour préciser que, si l'image brutale d'une chute d'eau vous vient à l'esprit en pleine nuit ou durant la sieste, il y a de grandes chances que cela n'ait rien à voir avec votre intuition, mais plutôt avec un besoin urgent de vous rendre aux toilettes… Plus sérieusement, si l'envie soudaine vous vient d'appeler une personne que vous n'avez pas eue au téléphone depuis longtemps, c'est qu'il y a certainement une bonne raison de le faire. **Notre intuition pour nous guider dans l'inconnu.** Vous avez remarqué à quel point nos journées s'enchaînent et se ressemblent ? Appelez ça la routine, les habitudes, le train-train, les jours filent à toute vitesse et la monotonie, bien qu'elle nous fasse peur sur le papier, a plutôt tendance à nous sécuriser. Et parfois, une opportunité se présente, plus ou moins inattendue.

Une amie qui vous invite à une activité de cerceaux acrobatiques, un éditeur qui vous appelle pour vous proposer d'écrire un livre, un mec que vous appréciez qui vous propose de vous lancer dans un projet… Ou tout simplement un nouveau chemin fraîchement tracé sur la route forestière que vous empruntez d'habitude. Que dit votre intuition ? Que vous fait-elle ressentir dans l'instant présent ?

Face à l'inconnu, lorsque les éléments de réponses manquent pour faire appel à notre raison, l'intuition peut nous guider vers l'inconnu, elle joue le rôle d'approbateur immédiat, en validant, ou non, une idée, une proposition, une occasion. C'est le fameux : « Je le sens bien » ou au contraire « Je le sens pas trop ». Ce premier ressenti s'avère souvent d'une importance capitale, il est la première étape clé de ce qui sera « le premier jour du reste de notre vie ». En nous reposant un peu plus sur notre intuition, en la laissant parfois décider à notre place, ou en l'intégrant dans nos réflexions comme une conseillère avisée et une gardienne de notre bien-être interne, nous apprenons aussi à lâcher prise sur certains éléments de notre vie que nous ne pouvons pas toujours contrôler et qui nous pompent parfois une énergie mentale colossale.

Il y a quelques années, je pouvais démarrer au quart de tour ! Je ne supportais pas de vivre ou d'être témoin d'une injustice, et quand je parle d'injustice, je ne parle pas de sujets graves, mais plutôt de petites choses ridicules. Une petite voix dans ma tête me disait souvent que ça n'en valait pas la peine, mais une autre part de moi, mon ego, voulait absolument obtenir réparation. Cette détermination, ou plutôt cet entêtement n'amenaient généralement rien de bon en termes de résultat. Finalement, toujours le même constat : avoir raison OK, mais à quel prix ? Depuis, j'ai décidé de m'en remettre totalement à mon jugement intuitif pour gérer ce genre de situation.

Lorsque j'ai un désaccord, que je me dispute avec un proche, j'essaie de me connecter rapidement à mon intuition et, la plupart du temps, je prends mon téléphone pour apaiser les tensions. Je ne comble pas toujours mon besoin d'avoir raison, mais j'apaise toujours mon esprit et mes relations, car ce que me dit mon intuition, c'est que si une part de moi est combative et aime monter au front, ma véritable nature est pacifique et ne supporte pas les conflits. Alors, je nourris ma combativité différemment, à travers le sport et dans mes convictions personnelles.

D'une certaine manière, mon intuition favorise la construction de ma confiance en moi et me permet également d'avoir une meilleure estime de moi. Elle me permet de mieux me connaître. Elle définit mes limites, me pousse à sortir de ma zone de confort quand cela est nécessaire. Afin de boucler la boucle, mon intuition, c'est aussi mon maître Yoda à moi.

## Les trois chemins, pour travailler notre intuition

L'objectif de cet exercice est de vous aider dans vos choix et prises de décision. Il n'est pas de se substituer totalement à tout le reste, mais plutôt de vous apporter une réflexion différente, plus instinctive, intuitive et émotionnelle.

Fermez les yeux et concentrez-vous sur votre respiration. Prenez le temps de vous connecter aux éléments extérieurs. Écoutez les sons, les bruits qui vous entourent, sentez l'air plus froid qui passe dans vos narines à chaque inspiration, et l'air plus chaud à chaque expiration. Soyez attentif à ce que vous ressentez, à ce qui se passe dans chacun de vos membres inférieurs, cette énergie qui remonte ensuite dans l'abdomen, les bras, les épaules, la nuque et qui vous permet de vous sentir de plus en plus détendu. Vous dormez ! Non, je déconne, enfin pas complètement…

Dans un premier temps, vous devez donc vous relaxer, vous mettre dans un état de conscience modifiée. Pour vous y aider, vous pouvez écouter de la musique, du bruit blanc, des battements binauraux, un feu qui crépite, un nez qui coule (une rivière, pardon, on est en janvier et j'ai pris de mauvaises habitudes…), bref à chacun son délire, l'objectif étant qu'au bout de quelques minutes vous vous sentiez détendu.

Imaginez-vous ensuite faire face à trois chemins. Les deux premiers représentent chacun des choix possibles. Le troisième est un choix intermédiaire, un compromis entre les deux autres choix.

Imaginez-vous en train d'avancer à tour de rôle sur le premier chemin, puis le second et enfin le troisième, et restez attentif à ce que vous ressentez, aux images qui vous viennent. Ces signaux seront autant d'indications pour vous dire que si vous allez ou non dans la bonne direction.

Par exemple, si le premier chemin représente un choix qui vous paraît être le plus « raisonnable » car il vous permettra d'être en sécurité, mais qu'il n'est pas en accord avec vos aspirations et qu'il risque de vous apporter des contrariétés et du stress, alors, le chemin a de grandes chances de vous paraître terne, pas très avenant et parfois même un peu effrayant ! Vous pourriez ressentir de l'appréhension, du stress, vous indiquant alors que, si vous choisissez la sécurité en répondant favorablement à votre besoin de survie, votre équilibre émotionnel, lui, risque d'être mis à l'épreuve.

À l'inverse, vous pouvez avoir peur d'une décision qui vous demande de sortir de votre zone de confort, et pourtant, le chemin sera verdoyant et lumineux. Il y a alors de grandes chances que ce choix corresponde à ce que vous souhaitez profondément.

Pour prolonger l'aventure, scannez le QR code ci-dessous :

# Chapitre 5

## Le temps

**« Votre temps est limité,
ne le perdez pas à vouloir vivre
la vie de quelqu'un d'autre. »**

Steve Jobs

# LES MÉCANISMES

*Comme pour tous les chapitres précédents, j'avais prévu de trouver une anecdote, un moment de ma vie permettant d'illustrer la manière dont ce nouveau thème a impacté la personne que je suis aujourd'hui. Et puis, en discutant avec ma femme, je me suis rendu compte que son histoire à elle, bien qu'imbriquée dans la mienne, était bien plus parlante. Un domaine en particulier fait à la fois d'instants aussi aiguisés qu'un scalpel, de longues périodes de doutes ou de convalescence, et d'intemporalité. Plutôt que de raconter cette histoire avec mes mots, j'ai préféré lui laisser la parole, ou plutôt le clavier…*

*« Nous sommes en début d'année 2013. Je suis à l'hôpital près de mon bébé malade. C'est le soir, et je ne me sens pas bien. Mon ventre me fait terriblement souffrir ; il se tord dans tous les sens. Je serre les dents, prends un Doliprane et me dis que cela finira par passer. Je tente de chercher une explication, de relativiser. J'imagine que la situation que je suis en train de traverser me stresse et que mon corps réagit. Je me persuade que ce n'est qu'une question de temps pour que ça passe. Ce jour-là marquera le début de cinq années de douleur, de larmes, de peur, de doutes aussi… Mais à ce moment précis, je n'ai pas de notion du temps. Je vis dans l'instant présent, ou du moins, dans une version déformée de cet instant : une pensée omniprésente, une peur constante de ce que j'appellerai plus tard "UNE CRISE". Mon corps tout entier est en vigilance, d'heure en heure, terrorisée à l'idée d'avoir mal. Car lorsqu'une crise arrive, c'est comme si un sumo de 200 kg me plaquait au sol. Je le vois venir,*

*mais je suis impuissante. Je tente de fuir, mais rien n'y fait. Alors je serre les dents et encaisse, comme je peux. Le pire, c'est que non seulement personne ne parvient à expliquer ce que j'ai, mais en plus, on me dit que tout cela est dans ma tête : "Tu es trop stressée", "Ta grand-mère était comme ça", "Tu es forte, ça finira par passer…" On m'invite à respirer, à gérer mon stress – facile à dire, avec un bébé malade, un autre enfant de deux ans, une situation financière catastrophique et un mari tout aussi épuisé que moi. Nous sommes enfermés dans la même boucle temporelle. Les crises s'enchaînent. Alors, je me "shoote" aux cachets pour tenir debout, pour continuer à assumer ma vie. Je prends même des médicaments "au cas où". J'ai peur de sortir. Combien de fois mon mari ou les pompiers ont dû venir me chercher parce qu'une crise me clouait au sol, dans un magasin, à une soirée, à la maison ? Et que seule une dose de morphine en intraveineuse pouvait me calmer ? Combien de crises passées pliée en deux sur des toilettes, les enfants de l'autre côté de la porte, tentant de les rassurer d'une voix douce, tout en agrippant le mur pour ne pas m'effondrer ? Et ma sœur, au téléphone, essayant de me faire respirer, de m'apaiser… À ce moment-là, il n'y a ni présent, ni passé, ni futur. Tout se mélange. Il ne reste qu'une seule chose : la survie. C'est le temps interminable "des crises". Les jours, les semaines, les mois passent. Puis, un verdict tombe : endométriose, stade 4. Enfin, je sais contre quoi me battre ! J'entrevois un présent, un futur… Mais le médecin m'assène : "Il n'y a pas de traitement curatif à ce jour. Nous pouvons seulement essayer de temporiser les choses." Je suis en colère. Dois-je vivre ainsi toute ma vie ? Je voudrais baisser les bras, mais autour de moi, on minimise : "Ce n'est pas un cancer", "Tu as de la chance, tu as eu des enfants naturellement, alors profites-en." Ces remarques, maladroites, font encore plus mal. À l'époque, cette maladie est méconnue. On en parle peu. Aujourd'hui, bien qu'on ne la guérisse toujours pas, des études et des approches plus holistiques permettent de bien vivre avec. Mais moi, en ce temps-là, je suis en pleine lutte. Ce sumo de 200 kg me plaque au sol quatre fois par semaine, et le reste du temps, je tente de me relever, tremblante à l'idée de le recroiser trop vite. Les crises laissent des traces : hémorragies, anémie, ventre gonflé… J'ai mal aussi en pensant à toutes ces femmes atteintes de la même maladie, qui rêvent de cet enfant qui ne viendra jamais. Je n'en peux plus. Je dois trouver une solution. Avec Olivier, mon mari, et notre médecin, nous entamons des recherches. Nous mettons des choses en place. En décembre 2017, à bout de forces, pesant 42 kg, je suis hospitalisée. Mon gynécologue, mon "sauveur", me propose une solution aussi extrême que miraculeuse : "Une hystérectomie. Cela fonctionne dans 90 % des cas, mais la décision est lourde de conséquences. Prenez le temps d'y réfléchir." J'ai 30 ans. Le choix est terrifiant : sacrifier cet organe qui symbolise ma féminité, ma maternité, dans l'espoir d'envisager l'avenir sans douleur. Sans parler de l'opération en elle-même, qui, même avec les progrès de la médecine, m'effraie tout autant pour ses risques à court terme, que ses conséquences à long terme. Après des jours de questionnements et de discussions avec Olivier, nous prenons une décision. Le 9 février 2018, j'échange mon utérus contre une promesse de sérénité. C'est comme cela que je le ressens. Le temps de l'acceptation est long. Passée l'euphorie d'être libérée, un grand vide s'installe, puis vient le temps de la reconstruction. On doit faire le deuil, renaître autrement. Mon corps, marqué par des années de souffrance, a besoin de temps pour se remettre. Et j'accepte de lui en offrir. Huit ans après, je sais que cette décision m'a permis de me retrouver, de construire un nouvel équilibre. Aujourd'hui, je vis enfin dans l'instant présent, réellement. Chaque chose en son temps. Je ne crains plus l'heure d'après. Le temps a joué un rôle important dans cette longue aventure. Parfois, je l'ai haï de traîner en longueur. D'autre fois, je l'ai supplié de s'arrêter, de se rallonger. Mais avec le recul, le temps m'a permis d'aller mieux, dès lors que j'ai décidé de ne plus essayer de le contrôler. Dès que j'ai pris la décision que je ne souffrirai plus et qu'il deviendrait le moyen me permettant de me reconstruire. »*

## Qu'est-ce que le temps ?

C'est assez incroyable de se dire qu'une chose qui fait autant partie de nous, de notre quotidien, qui prend une telle place dans nos vies, soit finalement aussi banalisée. Après tout, qui se soucie vraiment du temps ? Nous le laissons nous déborder, nous exprimons le fait de trop souvent en manquer, ou à l'inverse, nous nous réjouissons de trop en avoir. Le temps est omniprésent. Il nous précipite, nous organise, nous panique, nous déséquilibre, nous rassure. Mais pour autant, qui s'attarde à comprendre qui il est ? Pour certains, le temps, c'est cet écran qui avance dans les vieux *Mario Bros.* Une sorte de mur invisible qui nous pousse vers l'avant, qui nous interdit de faire une pause ou de revenir en arrière, pressant chacune de nos actions et rendant chacun de nos choix irréversibles. Pour d'autres, il représente un fardeau, un sac qui s'alourdit sur notre dos au fil des années, jusqu'à nous courber sous son poids. Pour d'autres, le temps représente une étendue infinie de possibilités, une partition de musique à composer. Dans nos quotidiens, le temps est plus pragmatique. C'est un agenda, une montre connectée, nous empêchant souvent de déconnecter. C'est un rendez-vous d'affaires, quelque chose à combler quand on n'a rien à faire. Le temps est universel et intimement personnel. Il nous rappelle parfois que ce qui nous paraît insurmontable n'est pour lui qu'un battement de paupières. D'autres fois, on le regarde de haut, lui retirant toute sa grandeur. Il devient routinier, répétitif, monotone, devenant même parfois injuste, ralentissant lorsque nous aimerions qu'il accélère, et accélérant dans les instants que nous aimerions prolonger. Heureusement, le temps est flexible. Il s'adapte au regard qu'on lui porte et se nourrit de ce qu'on veut bien lui donner. Quand on le traite avec respect, le temps est compréhensible, il nous redonne à son tour assez d'espace pour pouvoir exister. Dans notre société qui fonctionne à mille à l'heure et dans laquelle la moindre minute passée à ne rien faire semble être associée à du temps perdu, comment faire la paix avec le temps qui passe ? Comment se l'approprier pour vivre mieux ? Plus sereinement ? Et faire de lui un des piliers de notre équilibre ? Rangez vos machines à explorer le temps, dans les prochaines minutes, Marty Mcfly, le Docteur Who, Deadpool ou John Connor ne pourront rien pour vous. Vous devrez prendre le temps de lire, d'analyser, de réfléchir. À la manière d'une horloge, nous ferons un tour de cadran, à travers douze points essentiels, vous permettant, peut-être, de changer la perception que vous avez de ce que vous ne pourrez jamais voir, mais que vous pouvez déjà ressentir. J'aurais pu traiter ce thème de millions de manières. J'ai choisi de vous en parler de la façon qui me semble la plus appropriée : fragmentée, rythmée, organisée… Comme le temps.

Je vous propose donc d'aller à l'essentiel, histoire que le temps que vous prendrez à lire les prochaines lignes, soit autant de temps que vous pourrez gagner. À la manière d'une horloge, nous tenterons de comprendre, en douze petits thèmes, de quelle manière le temps influence notre équilibre et joue un rôle actif sur notre bonheur. Ne soyez pas pressé, la trotteuse s'adaptera, pour une fois, à votre rythme… PS : Pour ceux qui se posent la question : non je ne fume pas, et je suis allergique à l'opium. Il est 6 heures du matin au moment où j'écris ces lignes et il est donc un peu trop tôt pour l'apéro. Ceci étant dit, je suis d'humeur poète ce matin et je vais quand même aller demander à mon pharmacien herboriste ce qu'il a mis dans ma tisane. Pas sûr qu'elle se contente d'adoucir la gorge…

## Une vie en deux temps...

Il existe énormément de manières de percevoir le temps. Cependant, nous pourrions réduire l'ensemble de nos perceptions à deux approches impactant le plus notre quotidien.

### Le temps qui nous submerge : pilote automatique enclenché

Quand on vit en mode « pilote automatique », cette étrange impression que le temps nous échappe devient omniprésente. La routine s'installe, chaque journée ressemble à un enchaînement de tâches accomplies mécaniquement, presque sans réfléchir. Le cerveau se cale sur un rythme frénétique dicté par nos impératifs, nos responsabilités et nos fameuses et interminables *to-do list*. Notre cerveau, submergé par les événements, n'arrive plus à y voir clair. En enchaînant les heures comme un enfant avale des frites dans un buffet à volonté, nous créons une sorte de surcharge cognitive, retirant toute valeur à ce que nous réalisons. Imaginez partir en *road trip* faire le tour de la Norvège et de ses paysages à couper le souffle. Au lieu de vous arrêter admirer les fjords de temps en temps, au lieu de rouler doucement pour apprécier l'architecture si particulière de certains petits villages, vous roulez à 120 à l'heure, régulateur de vitesse enclenché, les yeux focalisés sur la route (en même temps, à cette vitesse, il vaut mieux…). Auriez-vous la sensation, à la fin de votre voyage, d'en avoir profité. Auriez-vous savouré ce pays, ses couleurs, ses paysages à leur juste valeur ? Ou auriez-vous simplement dans la gorge ce petit arrière-goût de : « Mouais, j'ai fait la Norvège, c'était sympa, mais sans plus. »

Le sentiment constant d'être à court de temps, cette angoisse du temps qui file ou du temps à remplir à tout prix. Cette espèce de « famine du temps » nous ballotte de stress chronique en culpabilité, en passant par la frustration et le sentiment de l'inachevé. Il est important de parfois revoir ses priorités, de décider que notre quotidien n'est pas le maître de notre temps, et que c'est à nous d'appuyer plus ou moins fort sur la pédale d'accélérateur pour décider du rythme qui nous fera profiter correctement du voyage.

### L'attention au temps

Notre attention, c'est un peu le chef d'orchestre de notre perception du temps. Quand elle est éparpillée entre mille stimuli, débordée par les tâches et les urgences, le temps semble se contracter. À l'inverse, lorsque l'on est pleinement concentré sur une activité – écrire un livre, méditer ou tout simplement déguster un bon repas – le temps paraît s'étirer. Les neurosciences confirment d'ailleurs ce phénomène : plus notre attention est ancrée dans le moment présent, plus notre expérience subjective du temps s'enrichit. Les sportifs de haut niveau, les artistes, les musiciens connaissent bien ce mécanisme. En psychologie positive, nous appelons ça « l'état de flow ». Une sorte de moment suspendu où nous sommes totalement plongés dans notre activité. Le temps semble alors presque s'arrêter, impactant de manière significative et positive notre état intérieur et notre bien-être. Le rythme cardiaque ralentit, les tensions s'apaisent, l'anxiété ou le stress diminue.

Pour reprendre notre précédent exemple, l'état de flow, c'est cet instant que nous choisissons de vivre, dans lequel nous ne sommes ni le conducteur, ni la voiture, mais bel et bien la Norvège tout entière ! Chacun d'entre nous peut, au fil de sa journée, décider d'expérimenter cet état. Il suffit simplement de concentrer son attention sur l'instant, sur ce que l'on est en train de faire : écrire sur son clavier, lire un article, décrire un objet sur la table, observer ses enfants, son animal de compagnie, jongler (oui, j'ai des amis issus de la grande famille du cirque). Bref, peu importe l'activité, son caractère agréable ou la valeur habituelle que vous lui attribuez, l'important c'est de décider, quelques instants, d'y consacrer toute votre attention.

### RECOMMANDATION BONUS

**L'état de flow est à proscrire dans les situations suivantes :**

- Un entretien d'embauche
- Une palpation douanière à l'aéroport
- Un saut en parachute
- Un spectacle de stand-up (si c'est vous sur scène)
- Un enterrement (si c'est votre tour de prononcer un discours)
- Un mariage (si vous êtes un des deux mariés au moment de dire oui)
- Une sortie scolaire (si vous conduisez le bus)
- Une balade en kayak (si vous êtes dans des rapides)
- Etc.

## C'était le temps d'avant… Retour vers le présent

On a pour habitude de dire que notre passé influence notre présent, et en toute objectivité, c'est vrai. Cependant, on oublie que l'inverse est également vérifiable. Notre présent influence nos souvenirs, transformant sans cesse le passé en une reproduction plus ou moins approximative de la réalité. Notre état d'esprit du moment, notre quotidien, nos envies ou besoins, nos émotions, nos croyances peuvent embellir, salir, altérer ou même effacer les événements présents dans notre mémoire. Non, Romain, tu n'as pas fini dernier lors de cette course à pied en quatrième, et tu n'es pas si inadapté au sport que ce que tu imagines… Et non, Élodie, ta prof d'anglais ne t'a jamais dit que ton accent lui faisait saigner les oreilles, tu te débrouilles pas si mal pour le peu que tu voyages à l'étranger aujourd'hui. D'un point de vue pragmatique, le passé, c'est le passé. Il est immuable et on ne peut pas le rattraper. Pourtant, chaque remémoration réactive nos circuits neuronaux, modifiant légèrement le souvenir d'origine. Dans notre esprit, le passé n'est donc jamais une pellicule figée, mais plutôt une sorte de *reboot* sans fin revisité à la mode du moment. En gros, notre passé, c'est comme le film *Superman*…

## C'était mieux avant… Vraiment ?

Il vous arrive d'être nostalgique ? Il paraît que ça empire avec l'âge… La nostalgie, c'est l'as d'un jeu de cartes. En fonction des règles auxquelles on joue, elle représente soit une des cartes les plus fortes, soit le contraire. Elle peut nous offrir un certain réconfort, en scrollant dans l'application « Photos » de notre téléphone à 22 heures et en parcourant nos souvenirs de 2018, 2019, 2020… Ah, non pas 2020… 2022… La nostalgie peut nous faire sourire, nous rassurer, en nous donnant un sentiment de continuité, d'accomplissement. Le problème, c'est que trop de nostalgie tue la nostalgie ! À trop vouloir se rappeler du « bon vieux temps passé », on en oublie le « bon jeune temps présent ». Nous prenons le risque d'idéaliser les époques que nous avons déjà vécues, nous enfermant dans les regrets et nous plongeant dans l'idée impossible de reproduire dans le présent ce qui a déjà été.

Note personnelle : si vous avez une coupe mulet, que vous dansez la tectonique ou que vous rêvez du retour en force du groupe Tragédie, laissez tomber !

D'un point de vue négatif, chaque instant consacré à nous remémorer le passé, à nous rappeler à quel point nous étions heureux, fragilise notre capacité à apprécier le présent et à prendre conscience des aspects positifs de notre vie. Ne l'oublions pas, notre mémoire est sélective, et quand il s'agit de nostalgie, elle aura tendance à enjoliver les choses.

C'est le cas de Francis, 44 ans, qui se rappelle à quel point c'était chouette de pouvoir jouer au foot avec sa bande de potes pendant des heures, sans devoir passer 45 minutes, le soir, avec les jambes perpendiculaires au sol, appuyées sur le mur pour améliorer la circulation sanguine. Pour le coup, c'est clair, Francis, c'était mieux avant… Pour autant, tu oublies qu'à cette époque, ton niveau de sécurité financière, c'était la température mesurée dans la ville de Mouthe le 17 janvier 1985 ! Soit –45°… Au lieu de te focaliser sur tes jambes chancelantes le vendredi soir, tu pourrais avoir un peu de reconnaissance pour le fait qu'elles supportent encore tes excès du week-end, et surtout, qu'elles peuvent dormir au chaud après une douche chaude et un bon repas.

Heureusement, nos moments nostalgiques peuvent aussi avoir un impact positif. Revisiter le passé peut nous aider à mieux comprendre qui nous sommes. Les souvenirs d'événements marquants, de réussites ou de relations importantes construisent notre identité et nous donnent la possibilité d'apporter un sens et une continuité aux objectifs que nous souhaitons réaliser. Souviens-toi, Francis, à quel point tu étais déterminé et fougueux lorsque tu étais sur le terrain, rendant fiers tes coéquipiers. Cette détermination, tu l'as sûrement encore en toi, et il te serait précieux de t'en rappeler quand tu iras demander une augmentation à ton patron la semaine prochaine.

## Chaque chose en son temps

Tout au long de notre vie, le temps nous accompagne. Sans le savoir, notre perception de ce dernier évolue avec lui. Ce que nous appelons notre « rapport au temps » vibre au même rythme que tous les autres éléments qui composent notre existence, influençant la manière dont nous vivons et percevons le monde. Bien que propre à chacun, cette progression semble toutefois suivre un certain ordre établi, que l'on peut observer en quatre grandes phases.

### L'enfance, c'est l'insouciance

L'enfant vit principalement dans l'instant. Il ne se projette que peu dans l'avenir et n'est pas encore encombré par la notion de responsabilité temporelle. Le temps est alors ressenti comme infini, les journées semblent longues, et les moments de plaisir ou d'ennui sont vécus pleinement. D'un point de vue neuroscientifique, cette perception est liée au développement du cerveau et notamment du cortex préfrontal, responsable de la planification et de la gestion du temps, qui n'est pas encore pleinement mature. D'un point de vue philosophique, on pourrait dire que l'absence de notion de temps permet aux enfants de ne pas s'encombrer de choses non essentielles à leur développement. Les enfants ont besoin de comprendre, d'apprendre, de jouer, de s'émerveiller, de se tromper, de recommencer… Le temps est alors secondaire, au profit de la liberté de vivre et d'expérimenter. Du point de vue des parents, c'est pas du tout le même délire… Ramasse tes affaires, vide le lave-vaisselle, fais tes devoirs… En prenant le temps de se pencher sur la question, finalement, les priorités des uns ne sont tout simplement pas câblées avec celles des autres.

## L'adolescence : boutons et projections

À l'adolescence, la conscience du futur se développe. L'adolescent commence à se projeter, à imaginer ce qu'il deviendra et à envisager différents scénarios de vie. C'est une période où le temps peut sembler à la fois trop lent (lorsqu'il s'agit d'atteindre des objectifs ou de suivre un cours de physique qui démarre à 14 heures) et trop rapide (face aux changements constants ou au temps que nos parents nous ont accordé pour jouer aux jeux vidéo). Cette phase est marquée par l'expérimentation, la confrontation et la quête d'identité, où chaque instant peut paraître crucial pour définir son avenir.

## L'âge adulte : c'est la course !

À l'âge adulte, le rapport au temps devient pragmatique. La perception dominante est celle de la gestion et de l'optimisation : travail, vie de famille, projets personnels, loisirs... Le temps devient un défi. Il est perçu comme une ressource limitée qu'il faut utiliser efficacement. Cette période est également marquée par une anxiété latente liée au temps : peur d'en manquer, sentiment d'urgence, impression que la vie passe trop vite. Le temps semble guider nos choix, nos émotions et même, parfois, nos comportements. Le temps devient notre meilleur ennemi, notre pire ami. C'est le moment pour nous de mieux le comprendre et de l'apprivoiser.

## Le grand âge : la contemplation du passé

Avec l'âge, la relation au temps change à nouveau. Le temps devient un objet de contemplation : on se retourne vers le passé, on évalue le chemin parcouru et on accorde plus d'importance aux moments présents et aux relations humaines. Le futur, bien que toujours envisagé, devient moins central. C'est une période propice à la transmission, où l'on tente de donner une cohérence à l'ensemble de sa vie. Cette période est cruciale, notre relation au temps repose sur notre intention, et sur ce que nous décidons de mettre en place dans notre quotidien. L'activité, le partage, les relations, le plaisir du temps présent et l'oubli volontaire du temps restant sont autant de facteurs nous permettant de profiter encore long(temps).

Je me souviens avoir vu un reportage dans lequel le journaliste interroge une personne de plus de 85 ans sur ses habitudes quotidiennes. Le vieux monsieur répond qu'il apprend depuis peu le japonais. Interloqué et amusé, le journaliste lui demande alors la raison pour laquelle il apprend, à 85 ans, une nouvelle langue. La réponse est à la fois sublime, amusante et poétique : « Je m'y suis mis, parce que je me dis que ça peut me servir un jour… » *What else* ?

## Un temps pour tout

Difficile de savoir ce que représente ce « tout » quand les journées s'enchaînent ! Les obligations quotidiennes, les repas à préparer, les activités des enfants, le travail… Finalement, quand arrive la fin de la journée, nous avons surtout le sentiment d'avoir donné du temps aux autres plutôt que d'en avoir pris pour nous-mêmes. Pourtant, en termes d'équilibre personnel, le temps pour soi, c'est essentiel. C'est notre manière de regagner de l'énergie, pas seulement physique, mais également cognitive. Un levier important pour vidanger le mental et sa charge légendaire. Il existe quelques livres traitant du sujet et l'idée n'est pas de vous en faire un résumé ici. Je vais plutôt partager avec vous la manière dont j'organise mon temps, pour avoir le sentiment d'en reprendre le contrôle et de le mettre à profit dans mes journées, et non l'inverse.

La première chose à faire est d'identifier ce que représente votre temps, ou plutôt « vos » temps au pluriel. Car oui, nous avons plusieurs temps en fonction des moments de notre journée et de ce que nous réalisons. Pour ma part, voici comment je découpe mon quotidien en trois types de temps.

**Le temps personnel**

Tout ce qui concerne des activités personnelles. Cela comprend les moments de repos, de lecture, les activités sportives ou culturelles, binge-watcher une série, s'épiler les poils des jambes un dimanche après-midi pour éviter le frottement de son cycliste durant sa sortie vélo, etc. Ce temps n'est dédié qu'à soi. On pourrait presque appeler ça le temps égoïste, ce qui est sûr, c'est qu'il est nécessaire.

**Le temps obligatoire ou temps pour les autres :** c'est l'ensemble des temps que vous consacrez à vos obligations quotidiennes ou aux autres. Vous pouvez mettre à l'intérieur toutes les tâches qui se répètent : votre préparation du matin, vos tâches ménagères ou administratives, etc. Ce temps est nécessaire à votre équilibre. Il représente cependant un levier pour améliorer votre bien-être au quotidien. Nous y reviendrons.

**Le temps de travail :** pas besoin de vous faire un dessin (je ne saurai d'ailleurs même pas comment dessiner ça). Il s'agit de l'ensemble de votre temps que vous échangez contre une somme rémunération, qu'elle soit immédiate ou différée.

**Organiser le tout** Une fois vos différents temps classés dans une de ces trois catégories, vous pourrez avoir une visibilité objective sur la manière dont se composent vos journées. Le piège avec le temps, c'est qu'il semble nous retirer notre libre arbitre, notre capacité à choisir comment on doit l'organiser. On pense que tout devient une urgence, que rien ne peut être diminué et qu'au final, pas grand-chose ne reste pour prendre soin de nous.

Il s'agit là, encore une fois, d'une question de perception. Pour reprendre l'image d'une maison, nous considérons que le temps représente ses fondations, et que tout le reste, tout ce qui nous représente, doit s'en accommoder. Cette façon de percevoir notre vie conditionne notre système de pensée et nos décisions. Nous avons alors tendance à relier le temps à notre besoin de survie au lieu de réfléchir à la manière dont nous pourrions l'organiser pour être plus heureux. Je vous rassure, ce mécanisme est normal. Une fois que vous en avez conscience, comme toujours, il relève de votre responsabilité de changer les choses. Que se passerait-il si vous considériez que les fondations de votre vie ne sont pas représentées par le temps, mais plutôt par votre bien-être ?

Pour Régis, le seul temps qui existe, c'est celui qui passe, celui qui le stresse et qui lui cause de réels problèmes. Régis a l'impression sans cesse de courir après le temps et de jongler avec les urgences (bien qu'il n'aime pas le cirque, et que les jongleurs lui rappellent un moment tragique de sa vie, durant lequel un clown tout crasseux est venu lui postillonner au visage). Régis se sent pris au piège et s'énerve presque, quand on remet son organisation en question. Soudain, c'est la quille ! À force de tirer sur l'embrayage, Régis a planté la voiture et se retrouve immobilisé pendant plusieurs semaines. Le verdict du médecin est sans appel : son accident est, entre autres, la conséquence d'un stress chronique. Le cerveau de Régis bouillonne trop, son corps aussi, et affecte son attention. Il doit freiner le rythme tout en continuant à assurer ses obligations. Il est alors contraint de revoir son organisation en fonction de sa nouvelle priorité : sa santé. De par les circonstances, le bien-être de Régis devient son nouveau socle, modifiant ainsi toute sa perception du temps. Au lieu de considérer ses journées comme une succession désorganisée de pensées, mêlant vie personnelle et vie professionnelle, idées et problèmes, il décide de la décomposer en différents blocs de temps. Chaque bloc de temps représente une tranche horaire dédiée à un type de temps : personnel, professionnel ou obligatoire. Au bout de quelques jours, Régis constate avec un grand étonnement que… tout va bien ! Non, sa vie ne s'est pas effondrée en changeant ses priorités, en ne répondant pas au tac au tac sur ses 45 groupes WhatsApp ou en envoyant un e-mail à 23 heures à sa collègue mangeuse de graines et adepte de la pleine conscience qui, elle, dort depuis déjà une heure. En cadrant ses différents temps, Régis ne mélange plus ses pensées. Au travail, il ne pense qu'au travail. À la maison, il ne pense qu'à la maison, recadrant systématiquement son mental avec cette nouvelle idée : « T'inquiète, tu peux arrêter de penser à ça, on a un temps de prévu pour ça tout à l'heure. » ou un simple « M'emmerde pas avec ça, ce n'est pas le moment. »

La principale fonction des blocs-temps, au-delà d'une meilleure organisation et d'un meilleur sentiment de contrôle de nos journées, est de littéralement « bloquer » des moments durant lesquels nous définissons à l'avance ce que nous ferons, ce que nous penserons, et d'une certaine manière, ce que nous ressentirons. Ces blocs-temps agissent comme des garde-fous rassurants, permettant d'alléger notre charge mentale en remettant chaque chose à sa place.

## Trois temps, trois mouvements (ou plus)

La gestion du temps, dans sa forme la plus essentielle, repose sur deux piliers : **l'action** et **la planification**. D'un côté, nous devons agir, avancer concrètement sur ce que nous avons à faire. De l'autre, il est indispensable de prendre un peu de recul pour organiser nos journées et structurer nos priorités. Le problème ? Nous oscillons souvent entre ces deux pôles sans jamais trouver le juste équilibre. Soit nous passons trop de temps à planifier sans jamais réellement passer à l'action, soit nous agissons à l'aveugle sans prendre le temps de structurer nos efforts.

## Prendre le temps de faire et définir le temps pour prévoir

Agir dans l'instant est essentiel pour progresser, mais agir efficacement demande une certaine préparation. Prendre le temps de planifier permet d'organiser les actions à venir de manière cohérente, sans se disperser. Vous vous êtes sûrement dit un lundi matin en vous levant, rempli de bonne volonté et ambitieux comme une autruche se pavanant devant un troupeau de hyènes (je suis parti la chercher loin celle-là !) : « Allez, ce week-end, je range mon garage. » Puis, en vous réveillant le samedi matin, l'autruche fière et ambitieuse n'a qu'une envie : planter sa tête dans le sable et attendre un meilleur jour… Non, vous n'êtes pas qu'une autruche faible et procrastinatrice, vous n'avez simplement pas pris le temps de préparer votre action et vous ne savez tout simplement pas par où commencer, ce qui déclenche chez vous l'envie d'éviter le problème et de le repousser.

La clé réside donc dans l'alternance entre les modes : planification et action. Durant la semaine, prévoyez un temps pour organiser la manière dont vous allez ranger. Préparer une petite *to-do list*, essayez d'anticiper le temps nécessaire à chaque étape du rangement et mettez tout ça de côté. Le samedi matin, vous aurez alors un plan précis vous permettant de vous guider. Vous saurez exactement par où commencer. Vous serez rassuré et votre motivation sera bien plus grande.

## Le bon moment

On ne change pas en 24 heures… Bien qu'il s'agisse aussi d'un mécanisme indispensable et fort utile, il est temps de taper un peu sur la tête de notre amie la procrastination. Plaidant coupable de la plupart des charges retenues contre elle, qui est à l'origine d'un mécanisme bien problématique, nous empêchant de nous mettre en action même lorsque cela est important pour nous. Mise en situation : lundi, 19 heures, vous décidez de ne pas faire votre séance de sport prévue depuis la veille. Ce n'est pas dramatique, vous avez passé un week-end agité et vous ne vous sentez pas en forme : « Ça ira mieux demain, pas grave si je repousse. » Arrive le lendemain, 19 heures, grande surprise, ce n'est pas mieux qu'hier, voire pire en termes de la flemme. Puis vient le surlendemain, puis le lendemain du surlendemain et au final, vos quatre séances hebdomadaires prévues en grande fougue le dimanche se sont transformées en une séance à l'arrache le vendredi, histoire de ne pas trop culpabiliser quand même. La raison ? Nous avons tendance à surestimer la personne que nous serons le lendemain, acceptant ainsi plus facilement l'idée que nous pouvons repousser les actions contraignantes, indépendamment de l'importance qu'elles pourraient avoir dans notre vie.

À l'avenir, n'oubliez jamais que la personne que vous serez le mardi est la même que celle que vous êtes le lundi. Alors, quitte à faire un truc dont vous n'avez pas envie, surtout si ce truc est bon pour vous, faites-le au moment prévu. Vous passerez un lendemain avec une bien meilleure estime de vous-même, rempli d'un sentiment d'accomplissement motivant, et surtout, sans pression de devoir rattraper votre flemmingite de la veille.

## Le bon moment n'existe pas tout le temps

*« Le meilleur moment pour planter un arbre, c'était il y a 20 ans. L'autre meilleur moment, c'est maintenant. »* (Proverbe chinois – paraît-il)

Qui ne sait pas en 2024 que le bon moment n'existe pas ? Comment se fait-il alors que nous continuons à le chercher à tout prix ? Ce paradoxe s'explique par plusieurs raisons.

1. **La peur de l'échec :** ne pas commencer, c'est éviter de se confronter à la possibilité de ne pas réussir. Tant que l'on attend le moment idéal, on reste à l'abri de l'éventualité d'un échec.
2. **Le perfectionnisme :** le désir de tout faire parfaitement pousse à attendre des conditions optimales. On pense que commencer dans un contexte imparfait pourrait compromettre la qualité finale du travail.
3. **L'illusion de contrôle :** en cherchant à tout planifier avant d'agir, on se donne l'impression de maîtriser la situation. Mais, en réalité, ce contrôle est illusoire : on ne peut jamais tout anticiper. Si l'on devait retenir une règle fondamentale en matière de gestion du temps, ce serait celle-ci : **mieux vaut agir imparfaitement que ne rien faire en attendant la perfection**.

Chaque action, même incomplète ou imparfaite, est une avancée. Et en avançant, on acquiert des informations, des retours et de l'expérience, qui permettent de corriger le tir et de progresser. En pratique, cela signifie qu'il est souvent plus pertinent de commencer, même si l'on ne se sent pas totalement prêt, puis d'ajuster en cours de route. Il ne s'agit pas de foncer tête baissée sans réflexion, mais d'accepter que l'action précède souvent la perfection. Une fois en mouvement, il devient beaucoup plus facile de s'adapter et de corriger, alors qu'en restant immobile, on ne fait qu'accumuler des doutes et du stress. Plus philosophiquement, le bon moment existe finalement partout, lorsque l'on considère que le moment n'est pas représentatif du résultat attendu, mais plutôt, simplement, le point de départ de ce qui permettra d'atteindre ce résultat. Je vous laisse cogiter là-dessus.

## Le temps de faire une pause

*« Le temps passe et passe et passe et beaucoup*
*de choses ont changé.*
*Qui aurait pu s'imaginer qu'le temps*
*serait si vite écoulé,*
*On fait l'bilan, calmement, en s'remémorant*
*chaque instant,*
*Parler des histoires d'avant comme*
*si on avait 50 ans… »*

Extrait de la chanson *Le bilan de Nèg'Marrons*

J'adore cette chanson qui sous-entend une idée importante, celle de l'importance de savoir mettre sa vie sur pause, de savoir stopper le flux continu de nos habitudes pour nous interroger sur notre évolution personnelle. Car si nos besoins de survie sont routiniers et évoluent peu tout au long de notre vie, nos aspirations, nos valeurs, nos désirs, nos attentes de la vie évoluent constamment, influencés par nos expériences et nos rencontres. Résultat ? On se retrouve vite à 40 balais, regardant dans le rétroviseur la personne qu'on rêvait de devenir, constatant avec stupeur la personne qu'on est devenue et flippant à l'idée d'imaginer la personne que l'on va devenir. S'accorder des moments de pause, des phases d'introspection nous permet de nous interroger sur les moyens que nous avons mis en place pour construire notre équilibre idéal et, le cas échéant, rectifier le tir dans la bonne direction. Comme dirait Francis : « Pas besoin de faire de trop longs discours… », il suffit parfois de quelques minutes, d'un stylo, d'un carnet et de beaucoup de bienveillance et d'objectivité, se demandant ce qui manque dans l'équation qu'on s'était imaginée quelques années auparavant, se questionnant sur l'utilité de certaines évidences ou la nécessité de reconsidérer d'anciennes impossibilités. Qu'elle soit tranquille ou agitée, la vie est un long fleuve en mouvement constant. Choisir de s'accorder une pause, c'est s'asseoir quelques minutes sur la berge pour reprendre un peu de force et observer.

## La boucle du temps

*« Moi je n'aime pas la discipline, j'aime me sentir libre et faire ce que je veux. Si je devais faire tout le temps la même chose, ce serait déprimant ! »*
Baptiste, 32 ans.

OK, Baptiste, sur le fond, t'as raison, tu fais ce que tu veux et il y a quelque chose d'assez flippant dans l'idée de faire toujours pareil à ton âge et jusqu'à la fin de ta vie. Pour autant, tu fais des raccourcis un peu rapides. Pour la plupart d'entre nous, le mot discipline sonne comme une partition jouée par un enfant de 7 ans sur un violon désaccordé, un dimanche à 7 heures du matin. Pour d'autres, la discipline, c'est comme une voiture électrique : il y a ceux qui en ont une, convaincus de ne pas pouvoir faire sans, et les autres, qui critiquent ouvertement la démarche. Enfin, il y a les rêveurs, les envieux, qui pensent qu'ils sont nés sans pouvoir y prétendre, condamnés à admirer la discipline des autres sur les réseaux sociaux.

## Une question de discipline

Le problème avec la discipline, c'est qu'on a tendance à généraliser son concept, alors qu'une fois de plus, il ne s'agit pas d'une capacité innée, mais plutôt d'un état d'esprit, et même, d'un outil. Si vous décidez de partir en randonnée et de vous farcir un 3000 mètres dans la journée, la discipline ne se situe pas dans la différence de niveau qu'il y a entre vous et ce gars qui est parti en même temps à 8 heures du matin et qui sera rentré chez lui à 14 heures, pendant que vous commencerez à lutter pour les derniers mètres. La discipline se trouvera dans chaque petit pas que vous ferez, surtout à la fin du parcours. C'est cette constance, cette régularité, cette persévérance adaptée à votre mieux et à vos objectifs. La discipline n'est pas nécessaire dans l'intégralité de ce qui représente votre équilibre. Elle est même complètement compatible avec un peu de laxisme et de « je m'enfoutisme » (pour reprendre une expression de mon père). Le tout, c'est de savoir l'utiliser lorsque cela est nécessaire, car qu'on le veuille ou non, notre équilibre dépend aussi de notre capacité à savoir être discipliné. Prenons la santé, par exemple, je ne vous apprendrai rien de nouveau en vous disant que plus on vieillit, plus notre corps a besoin de nos efforts pour faire le plein d'énergie. La question d'avoir ou non de la discipline, pour une personne qui souhaiterait vieillir en bonne santé, n'est alors clairement pas une question de choix, la vie ayant déjà rendu son verdict à votre place. Dans certaines régions du monde, certaines cultures, la routine et le mode de vie viennent naturellement rythmer le quotidien, intégrant des habitudes alimentaires saines et permettant au corps de rester en mouvement. Je pense notamment à ces fameuses « zones bleues », réputées pour la longévité de leurs habitants centenaires. Parmi les points communs recensés dans ces populations : une activité physique régulière, une alimentation simple et riche en bonnes calories, un niveau de stress peu élevé… Bref, vous connaissez la chanson, une bonne hygiène de vie basée sur une discipline involontaire. N'ayant pas tous la chance de vivre en Sardaigne ou sur l'île d'Okinawa, la routine naturelle de nos modes de vie à nous, c'est plutôt à la bonne franquette, et advienne que pourra. Il va donc, une fois de plus, de notre responsabilité et des comportements que nous choisissons d'adopter, de faire les efforts nécessaires pour contre-balancer la formule. Après tout, si la recette du gâteau au chocolat familial que vous a transmis votre grand-mère vous laisse un goût amer en bouche tout en vous faisant tourner la tête, il vous suffit de remplacer le chocolat noir 90 % par un chocolat plus doux et de retirer le rhum.

## Gare au déséquilibre

Si certaines personnes n'ont pas de mal à intégrer cette idée de nécessité dans la régularité de nos bonnes habitudes pour construire un équilibre, d'autres ont un peu plus de mal et vont avoir tendance à compenser par les excès : 6 jeûnes intermittents par semaine, 1 séance de crossfit le matin, une autre le soir… Là aussi le résultat n'est pas à la fête ! Le seul gagnant de l'histoire, c'est le chaos ! Un déséquilibre qui s'installe nous donnant l'illusion qu'on marche dans la bonne direction. La discipline, c'est l'antithèse de l'excès, le Bellerophon de la Chimère (on est aussi là pour se casser un peu les méninges, faites un effort !). Que l'on prenne en exemple l'alimentation, le sport, la méditation, le travail ou d'autres domaines, la clé de la réussite ne se situe jamais dans l'intensité, mais dans la régularité. Imaginez que vous deviez monter une échelle de 50 mètres et que vous décidiez de gagner du temps en sautant un barreau sur deux. Vous aurez peut-être la sensation d'aller plus vite au début, mais vous allez vite vous épuiser. Au contraire, si vous prenez le temps de grimper chaque barreau l'un après l'autre, vous doserez mieux votre effort et arriverez au bout sans vous en rendre compte. La question à vous poser est : Est-ce vraiment nécessaire pour moi de monter cette échelle ? Car si la réponse est non, préservez votre discipline et votre énergie pour autre chose. Une des raisons principales pour lesquelles nous pouvons rapidement tomber dans l'excès est que nous ne prenons pas en considération notre niveau d'énergie et notre état émotionnel. On fait une séance de sport intensive par jour, on arrête de fumer du jour au lendemain, on se met brutalement au régime escargot, salade matin, midi et soir. En faisant cela, on accentue notre déséquilibre qui aboutira à de mauvaises habitudes, vite lassantes ou décourageantes, car elles demanderont trop d'efforts et ne s'intègreront pas correctement à notre rythme de vie habituel.

La discipline n'est autre qu'un temps qui se répète, un temps que l'on décide d'attribuer aux choses importantes, qui nous permettent de construire un équilibre durable. Parfois, elle est évidente, indispensable. D'autres fois, elle devient invisible. À certains moments, elle peut être insupportable ou tout au mieux supportable. On aime la détester, en pointant du doigt, son manque d'originalité. À l'inverse, on l'encourage à l'excès, parfois sans savoir pourquoi on l'a sollicitée. Une chose est sûre, la discipline, c'est comme une paire de talons hauts : utilisée à bon escient, ça vous élève et vous tire vers le haut. Mais ne vous amusez pas à en porter toute la journée, vous pourriez vous faire mal et vous déséquilibrer.

## Nankurunaisa : avec le temps, tout se règle

Je vous ai parlé un peu plus haut de ces fameuses « zones bleues », eh bien, devinez quoi, c'est d'une de ces zones qu'est originaire cette expression, et plus précisément de la région d'Okinawa. Bien plus qu'un simple mot à se faire tatouer pour faire classe sur l'avant-bras (je suis moi-même adepte de cette pratique...), *nankurunaisa* est une invitation à adopter une attitude sereine face au temps qui passe et aux aléas de la vie. Sa signification abrégée – « Tout ira bien avec le temps » – nous rappelle l'importance de la patience et de la résilience, considérant le temps comme une condition d'apaisement de nos souffrances. Sa version complète apporte une nuance importante : « Avec le temps, tout finit par s'arranger si l'on fait les choses correctement. » Cette version implique notre responsabilité dans la manière d'accueillir les imprévus. Elle met en avant l'idée que le temps est un élément passif à disposition de nos actions et décisions. Nankurunaisa ne prône donc pas l'inaction, bien au contraire. Il s'agit de faire sa part, d'agir dans la mesure de ses moyens, tout en acceptant que certaines choses échappent à notre contrôle. Un équilibre subtil entre persévérance et lâcher-prise : agir là où c'est possible, et laisser le reste suivre son cours. Cela vous rappelle quelque chose ? Le cercle d'influence et de préoccupations, la philosophie stoïcienne sur les événements qui ne dépendent pas de nous, etc. Finalement, depuis des millénaires, les mots changent, les expressions aussi, les principes évoluent, mais la mécanique reste la même.

Cette philosophie évoque un paradoxe que nous rencontrons tous : nous savons que tout ne peut pas être contrôlé, pourtant, nous avons souvent du mal à lâcher prise et, malheureusement, il ne suffit pas de prononcer Nankurunaisa trois fois, comme *BeetleJuice*, pour voir débarquer un fringant samouraï dont la seule mission de vie est de régler les problèmes de ceux qui prononcent trois fois son nom. Nankurunaisa nous apprend à apprécier le rythme naturel des choses, sans forcer les événements. Nous pouvons l'utiliser comme un mantra, nous rappelant de cultiver la gratitude, d'apprécier les petits moments du quotidien, de nous concentrer sur l'essentiel. Nankurunaisa, c'est un état d'esprit permettant de nous libérer de l'anxiété liée à l'inconnu, de développer notre résilience et de favoriser un mental plus positif et propice à l'expérience. Il nous invite à ralentir, à respecter le rythme naturel des choses et à accueillir la vie telle qu'elle se présente. Dans un monde où tout va trop vite, cette philosophie propose une alternative précieuse : avancer avec constance et confiance, tout en acceptant l'incertitude.

### Comment intégrer nankurunaisa dans son quotidien ?

• Gérer les imprévus : Face à une situation stressante, demandez-vous ce qui dépend vraiment de vous. Faites de votre mieux, puis relâchez la pression.

• Prendre du recul : Lorsqu'un défi vous semble insurmontable, accordez-vous du temps. Souvent, l'angoisse immédiate empêche de voir les solutions qui émergent avec le temps.

• Garder confiance : Rappelez-vous que tout, y compris les périodes difficiles, est temporaire. La vie évolue en cycles, et les moments compliqués finissent par passer.

• Pratiquer la gratitude : Chaque jour, identifiez trois choses, même minimes, pour lesquelles vous pouvez être reconnaissant. Cela vous aidera à cultiver un regard plus serein sur votre quotidien.

## L'ombre et la lumière du temps

### Le cas de Christelle

Dans sa vie, Christelle a le sentiment que les choses n'avancent pas comme elle le souhaiterait. On lui reproche souvent d'être incapable de prendre une décision. Elle vit avec cette image d'elle-même : immobile, attentiste, semblant attendre un bus qui ne passera jamais. Depuis plusieurs années, Christelle est sans travail. L'idée du temps qui file, les nécessités quotidiennes l'enferment dans un stress chronique : celui de faire bouger les choses. Elle doit trouver un job, elle doit déménager, elle doit prendre plus de temps avec ses enfants, elle doit se remettre au sport, elle doit, elle doit, elle doit… Rien que ce mot : devoir lui déclenche des crises d'angoisse terribles. Le pire dans tout ça, c'est que Christelle a le sentiment de ne pas avoir de temps. Elle observe le temps qui passe, attendant que quelque chose ou quelqu'un lui donne une directive, une direction claire lui permettant de commencer. Car pour Christelle, LA question à 1 million, c'est : par où commencer ?

Plus jeune, Christelle était l'aînée d'une famille de 4 enfants. Elle a vu grandir ses frères et sœurs, sa différence d'âge avec les deux derniers lui a permis d'aider sa mère dans les tâches quotidiennes. Une des capacités que Christelle a développée en grandissant, c'est la patience. Elle a appris à observer, à se mettre en retrait, à ne pas hurler quand son plus jeune frère venait lui couiner dans les oreilles pendant qu'elle révisait. Adulte, Christelle est donc une personne calme et observatrice. Elle sait tempérer les choses, prendre son temps, laisser couler…

Le problème, c'est qu'en cultivant sa patience, elle a également arrosé une mauvaise herbe, et c'est cette plante toute biscornue, qui pousse dans son jardin intérieur, qui est à l'origine de son immobilisme. Cette mauvaise herbe, c'est la passivité. Certains l'appellent aussi l'attentisme ou même la complaisance. Quel mal y a-t-il à être complaisant, me direz-vous ? Il n'y en a pas, sauf lorsqu'il s'agit d'être complaisant vis-à-vis de soi-même ou d'une situation qui ne nous convient pas. Tout comme Christelle pouvait être patiente et indulgente avec sa petite tribu bruyante et agitée, elle l'est également face aux éléments de sa vie qui ne lui conviennent pas. Elle les observe, les tolère, leur trouve des excuses et au final, accepte de vivre avec. De temps en temps, ce mécanisme vient se confronter à ses aspirations, l'empêchant de faire pousser ces belles roses rouges dont elle rêve tant.

La solution ne serait pas de tout arracher, mais plutôt de faire avec. Après tout, rien ne l'empêche réellement de planter ses nouveaux projets. Sa capacité à pouvoir patienter serait même un atout précieux, pour avancer tranquillement, une chose après l'autre. Elle pourrait faire une sorte de plan, faire appel à un jardinier pour l'aider. Une graine à la fois, jour après jour, et profiter au printemps des efforts réalisés.

## LE BIAIS COGNITIF DU TEMPS

**Il est 21 h 30, vous êtes sur votre téléphone, l'application Amazon ouverte, prêt à valider ce panier que vous avez fait la veille. Vous auriez pu passer la commande hier, mais vous hésitez encore. La raison ? Vous avez prévu un voyage dans quelques mois et avez décidé de mettre un peu d'argent de côté. Pourtant, vous vous apprêtez à acheter cette nouvelle machine à café à 600 euros. C'est une sacrée somme, mais à ce prix, elle fait quand même plus de 20 boissons différentes ! Waouh, de quoi créer de nouvelles expériences tous les jours pour vos papilles... Et puis, vous pouvez payer en plusieurs fois, c'est l'opportunité de votre vie ! Vous cliquez sur « Payer ». À ce moment précis, c'est l'euphorie intérieure. La joie vous envahit, la perspective de tous ces moments**

de partage en famille autour d'un bon café latte. Ce délicieux matcha coco fait maison devant la baie vitrée... À cet instant, c'est le bonheur ! Puis, tel un glaçon qui fond dans un chocolat chaud, l'engouement s'estompe doucement. Vous recevez la machine, l'excitation remonte, vous servez votre premier café, tout est encore OK, puis au fil des jours vient le temps des regrets.

Tout ça pour ça ? Et dire que, si j'avais mis cet argent de côté, j'aurais pu payer la moitié de ce voyage au pays des animaux qui parlent et des musiques qui restent dans la tête dont je rêve tant... Ne culpabilise pas, petit scarabée, tu viens de succomber au charme du biais d'actualisation hyperbolique. Le biais d'actualisation hyperbolique traduit notre tendance à privilégier une gratification immédiate au détriment d'une récompense future pourtant plus importante. Ce phénomène repose sur le fonctionnement instinctif de notre cerveau, qui accorde une plus grande valeur au plaisir instantané qu'aux bénéfices différés. Ainsi, bien que nous savons qu'il serait rationnel d'attendre (épargner, suivre un régime...), nous cédons souvent aux satisfactions immédiates, faisant de ce biais un obstacle majeur à la réalisation de nos objectifs à long terme. Ce biais reflète un déséquilibre dans la perception du temps : le présent, accessible et immédiat, prend toute la place, tandis que le futur reste flou et abstrait. Cette distorsion explique pourquoi il est si difficile de résister à une tentation instantanée, même lorsqu'elle va à l'encontre de nos projets futurs, de nos valeurs ou de nos aspirations.

Stratégies pour contrer ce biais

- Découper les objectifs en étapes intermédiaires pour obtenir des petites gratifications régulières.
- Créer des routines pour automatiser les comportements bénéfiques et éviter de trop réfléchir.
- Visualiser les bénéfices futurs régulièrement après les avoir inscrits sur un carnet ou votre téléphone afin de rendre le long terme plus concret et motivant.

## Le temps d'être heureux

À l'époque de l'obsolescence programmée, nous n'échappons pas à la règle. Sur le sujet, nous sommes même plutôt avant-gardistes. Notre perception du temps est limitée depuis toujours, comprenant un début et une fin. Notre particularité, c'est qu'il est de notre responsabilité, de notre manière de voir les choses, de faire en sorte que cette date d'expiration soit programmée le plus tard possible. Percevoir le temps comme une fatalité, comme une chose dont on manque constamment et qui nous file entre les doigts est le meilleur moyen d'en faire notre source d'anxiété principale. Au lieu de ça, nous pouvons choisir de le voir comment un espace illimité dans lequel on peut se projeter, une source inépuisable dans laquelle on peut se plonger ou une parenthèse dans laquelle on peut se réfugier.

### Le passé

Notre vie est une valse à trois temps, un mouvement circulaire rythmé par notre état d'esprit. Le passé, lorsqu'il est revisité avec bienveillance, peut devenir **une ressource précieuse**. Il nous rappelle les épreuves surmontées, les expériences enrichissantes et les relations marquantes qui ont façonné notre identité. Cependant, s'accrocher à un passé idéalisé ou se laisser envahir par des regrets empêche d'avancer sereinement. L'enjeu est donc d'accepter le passé tel qu'il a été, sans chercher à le réécrire, mais en l'intégrant comme une base de données positives à consulter de temps en temps.

## Le présent

Le bonheur réside souvent dans la capacité à **vivre pleinement le moment présent**. Pourtant, cela demande un effort conscient, car notre esprit a tendance à se disperser, soit en anticipant l'avenir, soit en ressassant le passé. Le présent devient source de bonheur lorsqu'il est vécu avec **attention**. Il s'agit de reconnaître les plaisirs simples : un repas partagé, une promenade, une conversation enrichissante. Cultiver cette présence à soi et au monde permet de transformer chaque instant en une opportunité d'épanouissement.

## Le futur

Un futur sans projection, sans objectif, peut créer un sentiment de vide. À l'inverse, se projeter dans un avenir porteur de sens est essentiel à notre bonheur, car cela donne une direction à nos actions présentes. L'enjeu est de trouver un équilibre : ne pas vivre uniquement dans l'anticipation du futur, mais s'y projeter suffisamment pour donner une cohérence à notre vie. Le futur contribue au bonheur lorsqu'il devient **une source de motivation** plutôt qu'une source d'angoisse. Cela implique d'apprendre à se fixer des objectifs réalistes, alignés avec nos valeurs, et à les découper en étapes surmontables.

Le bonheur naît d'un juste équilibre entre passé, présent et futur. Cultiver cet équilibre, c'est apprendre à ne pas s'enfermer dans une seule temporalité. Celui qui vit uniquement dans le futur court après un bonheur hypothétique. Celui qui reste figé dans le passé se prive d'un présent épanouissant. Celui qui ne voit que l'instant présent peut manquer de profondeur et de cohérence dans sa vie. Le temps peut donc contribuer à notre bonheur si nous apprenons à l'utiliser intelligemment : vivre pleinement le présent, tirer des enseignements du passé et construire un futur porteur de sens.

### L'état de flow, un bon outil du temps

Parfois, lorsque le temps nous dépasse, qu'on se sent submergé par les événements et les tâches quotidiennes, notre cerveau peut se mettre à paniquer, créant un sentiment d'urgence et déclenchant une crise d'anxiété. Reprendre le contrôle sur le temps, un court instant, permet de revenir au calme et d'apporter un peu de clarté à notre esprit. Nul besoin, alors, d'être un musicien renommé ou un sportif de haut niveau pour expérimenter ce que l'on appelle : l'état de flow.

Choisissez un objet autour de vous, et décidez de lui consacrer cinq minutes. Pendant ce temps, coupez votre téléphone et évitez toute distraction. Concentrez pleinement votre attention sur l'objet en question et décrivez-le mentalement. Observez-le en détail, ses couleurs, sa forme, sa position, son emplacement, etc. Forcez-vous à aller toujours plus loin dans le détail, ne vous contentez pas de définir sa couleur comme le blanc, par exemple, cherchez s'il comporte plusieurs nuances de blanc. Demandez-vous de quelle manière l'éclairage ambiant influence cette couleur, créant des ombres, des points plus lumineux, etc.

À court terme, cet exercice vous permettra de retrouver un calme intérieur, de gagner en lucidité. Entraînez-vous à le pratiquer régulièrement, et les bénéfices que vous en tirerez seront bien plus importants que ce que vous ne pourriez imaginer :

- Réduction du stress et diminution de l'anxiété,
- Augmentation de la productivité,
- Augmentation de la capacité d'attention,

- Renforcement de l'apprentissage,
- Meilleure sensation de contrôle du temps.

Pour aller un peu plus loin, je me dis toujours ces deux mots lorsque je me sens dépassé par quelque chose : « Juste ça ». Ils agissent comme un ancrage, un déclencheur positif qui me permet de fixer mon attention sur ce que je suis en train de faire. Une sorte d'effet entonnoir, qui chasse l'ensemble des pensées pour recentrer mon esprit sur l'instant présent.

Pour prolonger l'aventure, scannez le QR code ci-dessous :

# Chapitre 6

## Le sens

**« Le sens de la vie, c'est ce qui reste quand on se débarrasse de tout ce qui est absurde. »**

Juli Zeh

*Décembre 2018, j'ai 35 ans. Je pense avoir trouvé mon équilibre. Il me reste encore quelques dettes à éponger de mes précédentes aventures, mais le passé commence à ressembler à un tableau de Van Gogh. Les détails se sont estompés et les contours se font plus discrets. Dans ma tête, je conserve l'essentiel, mais ma fuite commence à porter ses fruits, je ressens de moins en moins le stress émotionnel lié à cette période de ma vie. Mon entreprise est bien lancée pour atteindre des niveaux que je n'aurais même pas pu espérer. Faut dire que, côté boulot, ma femme et moi avons bien cravaché. Nous n'avons pas fait ça tout seuls, heureusement. Mon associé nous y a bien aidés, tout comme nos salariés. Pourtant, sur certains plans, l'année a été difficile. Presque six ans que nous donnons tout pour faire décoller la fusée, dans un des secteurs les plus stressants qui puissent exister : le monde des foires et des salons professionnels. L'entreprise que nous avons créée est une agence de design de stands, autrement dit, nous sommes standistes pour les puristes. Je suis certain que la plupart d'entre vous ne connaissent même pas l'existence d'un tel métier, et, pour tout vous avouer, la plupart des personnes qui y travaillent n'en avaient pas connaissance non plus avant de commencer. Comment en sommes-nous arrivés à travailler dans ce secteur ? Le hasard, l'opportunité, la nécessité. Toutes les raisons possibles, mis à part le fait que cela avait un sens pour nous à l'époque. J'avais noué quelques contacts dans ma précédente entreprise, une agence de communication 360° (ça faisait classe en ce temps-là). Nous avions développé différentes structures et marques pour pouvoir accompagner nos clients sur différents médias, dont celui des foires et des salons. Lorsque j'ai perdu ma société en 2013 et que nous avions besoin de sortir rapidement la tête de l'eau (doux euphémisme quand on ne boit déjà plus la tasse, mais qu'on enquille les litres d'eau en mode barrique), j'avais décidé de relancer une entreprise dans ce secteur, car je m'étais dit qu'il s'agissait du média représentant le plus gros levier financier qui nous permettrait de nous en sortir le plus rapidement possible. J'avais vu juste. Ce que je n'avais pas anticipé, c'est à quel point ce métier nous bouffe de l'intérieur. Explication rapide pour les novices : être standiste, c'est passer 50 % de son temps à répondre à des appels d'offres non rémunérés pour lesquels on effectue 90 % du travail. On soumet nos projets à un rapide : « j'aime » ou « j'aime pas » du prospect et, dans tous les cas, on pleure, que ce soit de joie, ou d'avoir investi du temps et de l'argent pour pas grand-chose. Une fois le projet validé, l'objectif est de fabriquer le stand que l'on a dessiné, de le monter et de le démonter dans toutes les villes du monde qui accueillent des salons et en des temps records. Parfois, les budgets sont astronomiques et le niveau d'exigence du client celui d'un palace à Dubaï. En 2018, ma femme et moi avons passé plus de temps sur les montages de stands dans les parcs expo en Allemagne, avec le bide tordu en deux par le stress de ne pas livrer à temps, que dans notre propre canapé dans le sud de la France. Mon choix incompréhensible d'avoir choisi l'allemand comme seconde langue au collège (alors que mon nom de famille respire davantage la chaleur et les paellas andalouses que les forêts et la bière bavaroises) est pour la première fois de ma vie d'une grande utilité. Même si essayer de parler allemand ou anglais avec un Allemand s'apparente parfois à jouer à chat perché avec un chat. Il apprécie la démarche, mais vous surclasse largement dans la pratique. L'année 2018 a donc était une grande année, économiquement parlant, mais une année épuisante, physiquement et émotionnellement, avec, au programme : un cambriolage des locaux professionnels, un déménagement des locaux, une séparation avec mon associé, ma nomination comme directeur de la communication de l'association nationale de notre secteur d'activité… Et côté personnel : la construction de notre maison (ça, c'est plutôt cool), l'hystérectomie de ma femme (ça, c'est beaucoup moins cool)… Voilà pour les grandes lignes, je vous passe les petites banalités. Dans le feu de l'action, je ne manque pas d'énergie ! Je fais en plus beaucoup de sport et, même si certains moments sont plus difficiles que d'autres, j'ai le sentiment que toutes les planètes sont alignées et que rien ne peut m'arrêter. Enfin presque… Décembre 2018, donc, petit break annuel, histoire de profiter de la magie des fêtes avec les enfants. Je suis un peu fatigué, mais je tiens la forme. Je décide d'aller faire un petit footing et d'enchaîner avec une séance de crossfit à la maison. Sur le coup, je me sens bien, puis, quelques minutes après avoir pris ma douche, ça commence à marteler sec dans ma tête. Je prends un Doliprane, mais rien ne passe. À 23 heures, les enfants sont couchés et le mal de crâne s'accentue de plus en plus, avec, en prime, quelques nausées et vertiges. N'étant pas habitué de ce genre de truc, je décide d'appeler un médecin pour avoir un avis. Je me souviens très bien du côté dramaturgie comique qui s'ensuit. Ma femme est au téléphone avec le médecin, quand, décidant de me lever pour aller boire, j'entends ce dernier, sur haut-parleur, dire « Tant qu'il ne fait pas de malaise, il n'y a pas de quoi s'inquiéter. » Timing parfait, à ce moment-là, je m'écroule. Je sens alors la panique monter. Un truc anormal est en train de se passer, quelque chose de grave, j'imagine. Ma femme essaie de garder son calme, elle reste à côté de moi et le médecin prévient les pompiers. Les minutes suivantes sont les plus longues de ma vie. Je suis certain que je vais mourir. Dans ma tête, les idées se mélangent, je pense à mes enfants, à ma femme, j'ai peur et c'est tout. Ils sont loin les parcs expos, loin les clients exigeants et les mauvais payeurs… À ce moment-là, mon cerveau synthétise toutes les choses qui ont du sens pour moi : ma famille et moi. Je vous passe la suite, les jours à l'hôpital, la rechute quelques semaines après, le doute, etc. Au final, les médecins ne savent pas vraiment ce qui s'est passé, une sorte de black-out, comme si mon cerveau avait décidé de couper la lumière pendant l'entracte, considérant que le spectacle n'était pas à la hauteur de ses attentes. Le plus important, c'est l'évidence qui est ressortie de cette expérience : ma vie professionnelle n'avait pas de sens, le travail que j'avais choisi pour survivre ne me nourrissait pas assez pour pouvoir être heureux : trop de conflits, de contrariétés, de situations qui me paraissaient dérisoires, comme se retrouver face à un client qui râle parce que la prise électrique qu'il a demandée sur son stand de 400 m² est décalée de 20 cm… Pour moi qui me suis toujours senti concerné par des problématiques humaines ou sociales bien plus importantes, qui m'intéresse depuis toujours aux grandes questions existentielles de notre univers, l'importance d'une prise électrique est comme une crotte de nez en plein mois de janvier, tout le monde s'en fout. Une fois que j'ai compris la nécessité de faire autre chose, le premier problème qui vient s'interposer, toujours le même, c'est que ma survie et celle de mes proches dépendent des ressources financières liées à mon entreprise. Et que je le veuille ou non, fuir cette réalité, même pour embrasser un destin merveilleux et vivre la* storytelling *du trader qui lâche les buildings pour se lancer dans la confection de cocottes en papier made in France, c'est tentant dans l'idée, mais ça me mettrait quand même bien dans la merde. Conscient que mon bonheur dépend aussi grandement de la sérénité de mon état d'esprit face à ma capacité à survivre, je décide donc d'occulter cette possibilité, à moyen terme en tout cas. Après plusieurs discussions, une évidence se présente à Sandie (ma femme, mais c'est quand même mieux de l'appeler par son prénom au bout d'un moment) et moi. Puisque notre métier n'a aucun sens pour nous, nous allons nous appuyer sur ce qu'il a de plus positif, sa capacité à lever de la richesse, et nous allons utiliser une partie de cette richesse pour apporter du sens à ce que nous faisons, en créant une association d'aide d'accès à l'éducation pour les enfants en difficulté. De cette idée est née notre association : Les Petits Sherpas et de cette association sont nées quelques-unes des plus belles rencontres que nous avons faites jusqu'à aujourd'hui. Comme quoi, même un sac de croquettes peut avoir du sens quand on décide de lui en donner un.*

## Une histoire qui n'a pas de sens, ou l'inverse...

Si le père Fouras avait coécrit ce livre, il aurait pu introduire ce thème par une petite énigme :

« *Parfois visible et souvent invisible, je guide vos pas,*
*Parfois dans la mauvaise direction,*
*À la fois destin et chemin à suivre,*
*Comme sur l'horloge, je peux vous faire tourner en rond, Qui suis-je ?* »

J'avoue, un peu rude comme devinette, pas certain qu'après une bagarre dans la boue, un plongeon dans l'Atlantique et un catapultage au-dessus des remparts, nos chers candidats aient pu remporter l'indice ! Dans notre langage courant, nous parlons de bon sens, du sens des mots, de sens commun, de sens de l'humour, de sens pratique, de sixième sens, de double sens… Nous percevons le sens comme une direction, une faculté, un devoir et même un but. Le sens est présent en nous et à l'extérieur de nous, il est parfois la racine : sens-ible, sens-ationnel, sens-uel, sens-itif…Et d'autres fois, le point final : contre-sens, res-sens, pres-sens, con-sens… Le mot sens est tellement banal, que nous en oublions la richesse de ses sens – justement.

En nous attardant un peu plus sur ce qu'il représente, et sur la manière dont on l'emploie, nous pouvons nous apercevoir qu'il en dit beaucoup sur nous, sur qui nous sommes, sur nos peurs et nos aspirations. Il peut devenir un véritable moteur de notre équilibre, et aussi prendre la forme d'un immense gouffre dans lequel on se perd, à passer trop de temps à chercher la raison pour laquelle certaines choses nous arrivent. Le sens, c'est l'étoile Polaire des rois mages, c'est le bouton « Itinéraires » de Google Map, c'est le fil d'Arianne dans le labyrinthe. C'est le smartphone d'un ado de 16 ans, le thé matcha d'une mère de famille un lundi matin de rentrée scolaire, après avoir déposé ses enfants à l'école – je sais, ça sent le vécu…

Le sens, c'est aussi cette petite phrase dite à un proche qui ne va pas bien pour l'aider à repartir, c'est ce qui nous manque quand le plaisir de rire, de travailler, de prendre soin de soi a quitté le navire. Le sens donne de l'importance aux banalités, camoufle nos cicatrices, et donne de l'élan à nos rêves d'enfant. Sans lui, la plus haute marche du podium peut paraître insipide, alors qu'avec lui, même une quatrième place peut avoir le goût d'une médaille d'or. Le sens est à nos vies ce que la fève est à la galette des rois. Il y a ceux qui prennent une petite part et espèrent tomber dessus. Ceux qui mangent toute la galette pour être certains d'avoir la couronne. Il y a ceux qui n'en mangent pas, et qui se plaignent de ne jamais avoir la fève. Ceux qui regardent discrètement en dessous pour espérer voir où elle est planquée. Et puis, il y a ceux comme moi qui, après des années à chercher à l'avoir, finissent par avoir un stock de fèves à disposition et à les mettre eux-mêmes dans la galette… Une chose est sûre, nous sommes tous, consciemment ou non, des collecteurs de monuments miniatures en porcelaine. Même si, pour ma part, j'ai un petit faible pour les éditions collector ou limitées. Certains penseront que ce paragraphe n'a aucun sens… Et pourtant… Quoi qu'il en soit, âmes sens-ibles, inutile de vous abstenir, laissez-vous simplement guider par le sens de lecture, de haut en bas et de gauche à droite. Autorisez-vous aussi à revenir en arrière, à sauter quelques lignes, à reprendre le contrôle sur le sens défini pour lui attribuer une nouvelle direction. Je ne vous en voudrai pas et je vous encourage même à le faire, car ce livre n'a de sens que si vous choisissez vous-même de lui en donner un.

## Une vie pleine de sens, qui part dans tous les sens...

La quête de sens, universelle et intemporelle, est au cœur de l'expérience humaine. Elle transcende les âges, les cultures et les générations. Nos ancêtres se demandaient si la lune et le soleil étaient des dieux, ou si les montagnes abritaient des géants venus des étoiles. Au XXIe siècle, nous nous demandons pourquoi le Wi-Fi coupe à la moitié de l'ultime épisode de la dernière saison de notre nouvelle série, ou pourquoi ce pu*** de robot aspirateur ne veut pas passer sous la table – alors que je lève systématiquement les chaises... Bref. Le sens nous pousse à nous questionner. Il donne parfois raison à nos choix tout en nous incitant à les remettre en question à d'autres moments. Dans certaines décisions de nos vies, le sens représente l'assaisonnement, ce petit aliment en plus qui permet à un plat de passer de sans intérêt à incontournable.

Prenons l'exemple du sport, et plus précisément de la course à pied. Je vais vous faire une révélation, le sport fait partie de ma vie depuis toujours, il est indispensable à mon équilibre. Je ne peux pas vivre sans sport, enfin si, factuellement, je pourrais, mais par rapport à mes objectifs de vie, mon estime de moi, le regard que je porte sur ma santé, l'exemple que je veux transmettre à mes enfants et beaucoup d'autres raisons encore, le sport est pour moi ce que son marteau est à Thor ou ce que Luigi est à Mario. Je pratique donc environ 8 à 10 heures de sport par semaine : boxe, renforcement musculaire, course à pied, padel, vélo de route (oui, vous avez déjà pu me croiser sur vos routes de campagne, arborant avec élégance ma combinaison moule kiki, portant ce casque qui me donne fière allure et zigzaguant tel le roi de la route devant votre voiture avec mes camarades de jeu) et, bien sûr, football, enfin footbière exactement, avec les vétérans du village voisin. Quand je parle de mes activités avec certaines personnes, leur première réaction est de saluer ma volonté. Pourtant, je peux vous dire avec une grande certitude que cette dernière n'y est pour rien dans ma discipline sportive ! Il est donc temps de vous faire part de cette fameuse révélation : je n'ai quasiment jamais envie de partir courir, de me taper du dénivelé sur le bitume en gobant des moucherons, de soulever de la fonte tout en faisant gaffe de ne pas me faire une tendinite ou d'aller taper le ballon en plein hiver en redoutant qu'un cuir bien raide me claque l'arrière de la cuisse… Avant chaque séance, j'ai donc un choix à faire. Je peux décider de m'en remettre à ma volonté du moment, et finir, dans 80 % des cas, affalé sur mon canapé en tentant de déculpabiliser en jouant à FIFA, ou je peux me rappeler consciemment de la raison pour laquelle je m'apprête à faire un effort, du rôle que cela joue dans la direction que je souhaite donner à ma vie. Dans ce cas, le sens, c'est tout ce qui représente ma motivation, ma raison d'agir. Il s'agit d'une motivation solide, car elle est définie par un ensemble de valeurs, de besoins et d'envies. Elle ne dépend pas de mon état d'esprit à un instant précis qui, lui, serait bien trop volatil, bien trop dépendant des circonstances extérieures et des éléments démotivants qui pourraient exister : le vent, la pluie, une journée fatigante, une douleur à l'orteil… Ma motivation est reliée à cette part de moi qui guide mes choix, mes décisions, mes prises de risques, mes efforts : le sens que je souhaite donner à tout ce qui m'arrive, et ce que j'entreprends et qui me permettra de construire la personne que je souhaite devenir. Ne vous inquiétez pas, nous reparlerons de cette satanée volonté dans les prochains thèmes. Disons qu'il s'agit ici d'une petite mise en bouche. Pour reprendre l'image du thème précédent, le sens, c'est donc le ciment et la maison à la fois (je suis d'humeur bricoleuse en ce moment). C'est à la fois l'accomplissement que l'on projette, le but que l'on souhaite atteindre, et l'énergie qui nous permet d'y arriver.

Dans un autre registre, et pour ceux qui ont deux mains gauches (sauf pour les gauchers, cela va de soi qui, eux, auraient deux mains droites), dans un régime Weight Watchers, le sens serait le poids que vous visez sur la balance ou la silhouette que vous souhaitez avoir, tout en étant les recettes que vous suivez pour vous y aider. Chaque décision que vous prenez dans votre vie a ou n'a pas de sens, en fonction du sens vers lequel vous souhaitez aller. Pour les plus anciens d'entre vous, cette histoire de sens commence à prendre des airs de sketch de Raymond Devos, pour les autres, comme toujours, je vous invite à aller découvrir le personnage, ça vaut le détour, à condition de ne pas déjà aller dans le bon sens, bien entendu.

Revenons à notre histoire de sens, qui se présente à nous comme une quête accessible, elle-même composée de petits actes de dépassement et de décisions réfléchies. Vous connaissez sûrement le grand Usain Bolt, l'homme le plus rapide de l'histoire sur 100 m ? Imaginez maintenant que le gars se soit entraîné toute sa vie à courir le plus vite sur cette distance sans participer à une seule compétition. Vu de l'extérieur, ça n'aurait pas de sens ! Peut-être que, pour lui, il y en aurait un, mais quand on pense à l'énergie déployée, les sacrifices, le travail accompli, ce serait quand même dommage de se dire que ce mec aurait fourni autant d'efforts juste pour arriver 5 secondes avant le grand-père du village au rayon électroménager d'une grande surface un jour de Black Friday. (Merci, Paul Mirabel pour l'inspiration sur ce coup-là). Vous allez me dire, je n'ai rien à voir avec Usain

Bolt, et encore moins avec l'ancien de mon village. Pourtant, vous êtes bien plus proche d'eux que ce que vous n'imaginez. Explications. Il était une fois une société ayant totalement perdu les pédales, dans laquelle il existe tellement de choix, tellement de possibilités, et aussi de « vérités », de conseils, de doctrines, de « Faites ceci pour être cela » ou de « 20 min de ce sport suffisent pour… », qu'on en oublie ce dont on a réellement besoin, pour soi et pour son propre équilibre. S'il y a bien quelque chose d'important dans ma pratique sportive, et nous en reparlerons, c'est que, malgré la présence d'une flemme épique à certains moments, j'aime tous les sports que je pratique. J'éprouve plus de plaisir à en pratiquer certains que d'autres (qui a inventé la course à pied ? Sérieusement ? Courir, pourquoi ? Y a jamais personne à fuir !), mais je connais bien les fondamentaux de la discipline sportive et je sais l'importance que peut avoir chacun d'entre eux.

Ce n'est pas le cas de notre ami du jour, le fabuleux Hervé (Oui, on peut être né entre 1990 et 2020 et s'appeler Hervé. Ça n'a sûrement pas de sens pour lui, mais sûrement pour ces parents, ne les jugeons pas). Hervé pratique la course à pied justement. Une montre dernier cri, une paire de chaussures à talons hauts de marque KAHO (à lire dans l'autre sens pour les connaisseurs), et surtout, une discipline d'entraînement épuisante digne des plus grands champions. Sur le papier, il n'y a pas grand-chose à redire, Hervé se donne à fond, et on ne peut qu'avoir de l'admiration pour lui. Le problème, c'est qu'Hervé est épuisé. Le sport lui prend tout son temps et toute son énergie. Car pour pouvoir atteindre les performances recherchées, Hervé doit adapter son alimentation, gérer son agenda en fonction de ses entraînements et prévoir de grosses dépenses régulièrement. Quand on parle avec Hervé de tous ces sacrifices et de leur finalité, il répond par un banal : « Le plus important pour moi c'est de rester en forme, c'est pas de finir sur le podium. » Mais alors,

Hervé, pourquoi cherches-tu à te fracturer le coccyx ? Pourquoi tu passes des heures à culpabiliser sur Strava en analysant les performances de mini Kilian Jornet qui s'entraînent quatre fois plus que toi ? Ça n'a pas de sens ! Si ton objectif est d'avoir la caisse et d'être en bonne santé, pas la peine de viser une $VO_2$max de 58 à 40 ans ! Pour aller dans ce sens, tu pourrais adapter tes entraînements, être moins exigeant avec toi-même et tu pourrais alors retrouver un équilibre de vie qui te correspond plus.

La réalité, c'est qu'Hervé n'a jamais vraiment pris le temps de chercher du sens dans tout ce qu'il met en place dans sa pratique sportive. Perdu dans les articles, les posts Instagram, les magazines, etc. Il essaie tant bien que mal de construire un équilibre de vie en fonction des informations sur lesquelles il tombe. Hervé, c'est le genre de gars qui a déjà essayé toutes les techniques et les méthodes pour gérer son poids, pour se muscler plus vite ou pour améliorer ses performances : HIIT, Tabata, méthode Bulgare, Fartlek, Animal Flow, Murph… Si, pour vous, tous ces mots ressemblent à des noms d'attractions à Disney World, pour Hervé, il s'agit du champ lexical qu'il cultive tant bien que mal chaque semaine.

Finalement, nous pourrions nous demander si tout cela a véritablement un sens, car, en réalité, toutes ces pratiques représentent pour Hervé une véritable charge mentale additionnelle. Il ne sait même plus par quoi commencer. Il a même oublié les bénéfices que chaque discipline pourrait lui apporter. Sans chercher à adapter sa pratique sportive et à l'aligner dans le sens de son objectif : pour être en forme, Hervé est en pilote automatique et reste figé dans une croyance erronée : ma pratique sportive est adaptée à mon équilibre. En regardant la situation avec objectivité, nous constatons qu'au contraire, l'équilibre d'Hervé est mis en danger par tous ces excès. Ce serait un peu comme passer dix ans de sa vie à s'entraîner pour gravir l'Everest après avoir vu un reportage sur YouTube pour, à la fin, se dire qu'on n'aime pas la neige et qu'on adore les randonnées en forêt. L'un n'est pas mieux que l'autre, mais si ce qui a du sens pour vous, c'est de câliner les arbres et sentir les champignons, inutile de passer dix ans à vous persuader que ça vous fait du bien de vous taper un 3000 mètres 5 fois par an, visez directement l'essentiel, allez d'ores et déjà humer le doux parfum ambré de l'écorce humide d'un sapin au printemps tout en lui frottant doucement le tronc, les bénéfices n'en seront que meilleurs pour votre équilibre. Et vous savez le plus drôle dans l'histoire ? C'est qu'Hervé ressent en lui que quelque chose ne va pas. Peut-être qu'Hervé aurait pu lire le chapitre sur l'intuition, allez savoir…

## Quand le sens nous met en mouvement ou nous immobilise

Si le manque de sens peut nous figer dans le temps et nous faire tourner en rond, il peut aussi devenir le moteur de nos mouvements. Le sens ne se contente pas de nourrir nos pensées et nos émotions, il guide aussi nos comportements. Un peu comme si, en ayant une raison claire d'agir, chaque décision devenait plus cohérente, chaque action plus fluide. Quand nous savons pourquoi nous faisons les choses, nous éliminons une bonne partie du brouillard mental qui accompagne nos incertitudes et nos doutes. Se rappeler du sens pour lequel on s'apprête à agir se compare alors à allumer le petit bouton dégivrage pare-brise de notre voiture, après de longues heures à traverser la France, pour rejoindre la ville de Chartres. Et croyez-moi, il faut qu'il y ait du sens pour traverser les villes de Le Breuil-sur-Couze et Yvoy-le-Marron à 17 heures en plein mois de janvier… (ça en a pour moi en tout cas). Agir en harmonie avec un sens profond, c'est comme conduire avec une destination et un itinéraire bien définis pour l'atteindre. Sans cette direction, nous sommes comparables à des voyageurs sans GPS. Avec une arrivée en tête et une raison de l'atteindre, même les plus grandes galères rencontrées sur la route peuvent être surmontées, car nous connaissons la raison de ce qui nous met en mouvement, de ce qui nous a fait sortir de notre zone de confort. Cela ne garantit pas que le voyage sera toujours agréable, mais cela nous permet d'avancer avec conviction tout en encourageant systématiquement notre esprit à persévérer lorsqu'il s'apprête à baisser les bras.

## Donner un sens à ce qui nous arrive

Il y a deux ans, je découvre en famille une nouvelle série de reportages à la télé. Dès le premier épisode, nous accrochons. L'histoire de départ est simple et l'intention inspirante. Le pitch : Victor a la vingtaine et il vit sa meilleure vie d'étudiant aux États-Unis. Il tombe malade et les médecins lui annoncent qu'il est atteint de la tuberculose. Après plusieurs mois d'hospitalisation et d'enfer, où il se retrouve pour la première fois de sa vie confronté à sa propre vulnérabilité et à l'idée qu'il pourrait mourir, il décide de noter toutes les choses qu'il pourrait faire une fois rétabli. À ce moment-là, il ne sait pas réellement comment les choses vont évoluer, mais il décide d'y croire et de donner un sens à ce qui lui arrive. Il ne choisit pas seulement des choses simples à réaliser, mais plutôt des expériences extrêmes, mettant son corps et son esprit à l'épreuve. Un peu comme s'il avait déjà décidé de dire merde à ce qui était en train de lui arriver, de faire un pied de nez anticipé à sa maladie. Depuis, il a sauté en parachute, combattu avec des lutteurs sénégalais, chevauché dans les plaines andalouses, participé à une des compétitions sportives les plus violentes et les plus éprouvantes de notre époque. Il a mis ses poumons à rude épreuve en repoussant ses limites lors de plongées en apnée à l'autre bout du monde. Bref, le petit malade est devenu un grand, et le sens qu'il a décidé de donner à sa maladie pour mieux la combattre a joué un rôle important dans les expériences qui façonnent sa vie aujourd'hui. Mais l'histoire ne s'arrête pas là. Alors que nous regardions un de ses reportages, ma fille me demande : « Papa, pourquoi tu ne le contactes pas ? » Sur le coup, je m'apprêtais à lui répondre qu'on ne peut pas contacter les gens qu'on voit à la télé comme ça. Mais à l'époque, j'avais une idée en tête pour ma chaîne de podcast : aller à la rencontre de gens qui, de l'extérieur, paraissent extraordinaires alors qu'ils vivent simplement des vies ordinaires et leur demander ce que signifie pour eux le fait d'être heureux. Alors, je me suis dit : pourquoi pas ? Je l'ai donc contacté. Nous nous sommes rencontrés quelque temps plus tard pour faire ce fameux podcast et partager un super moment et, quelques mois après, je reçois un coup de fil de mon éditrice qui, après avoir écouté ce fameux podcast, me propose d'écrire un livre. C'est fou la direction que plusieurs vies peuvent prendre quand une seule personne décide d'apporter du sens à la sienne… À méditer.

## D'abord, pourquoi

Si la quête de sens peut donc apporter du mouvement lorsqu'elle est tournée vers notre avenir et qu'elle représente un objectif, à l'inverse, elle peut nous enliser dans l'injustice et la frustration lorsqu'elle s'oriente sur les raisons de ce qui nous arrive. Notre état d'esprit devient alors statique, il tourne en boucle sur ce qui nous préoccupe et que nous ne pouvons ni changer ni contrôler. Chercher à comprendre pourquoi on a été malade, pourquoi notre ex nous a quitté, pourquoi nos cheveux ont déserté leur territoire, faisant de mon crâne une terre aride et stérile à toute culture… Pourquoi le voisin fait pousser son saule pleureur à un mètre de notre clôture, pourquoi, pourquoi, pourquoi ?

Nous savons que les pourquoi sont importants pour comprendre certains de nos mécanismes, que toute évolution commence par un pourquoi. Mais ce dernier doit être perçu comme un tremplin, une étincelle, il ne doit pas faire l'objet de fouilles approfondies. Passer son temps à chercher un sens à ce qui nous arrive, c'est se demander sans cesse pourquoi l'univers est considéré en expansion, puisqu'il est aussi considéré comme étant infini ? C'est chercher chaque jour à décortiquer ses rêves de la veille, plutôt que vivre sa vie. C'est essayer de donner un sens à l'injustice pour tenter de la rendre plus juste. Même si la compréhension fait partie de nos mécanismes d'évolution et de survie, ils n'ont pas vocation à nous rendre heureux et gaspillent trop de temps et d'énergie à chercher à apporter du sens dans ce qui n'en a sûrement pas, c'est s'empêcher de prendre la responsabilité d'aller mieux et de l'avant.

Imaginez que votre voiture soit en panne, votre premier réflexe serait de la confier à un garagiste pour continuer à l'utiliser le plus vite possible. Vous vous intéresserez sûrement à la panne, pour justifier la facture, mais pas de là à aller mettre vos mains dans le cambouis ? Le jour où ma tireuse à bière est tombée en panne, la veille du jour de l'an, je n'ai pas passé la nuit à me demander : « Oh, tireuse à bière, pourquoi es-tu donc tombée en panne ? Est-ce un signe de l'univers que je ne devrais pas boire demain ? Quel est le message caché derrière ce manque de réfrigération ? Parle-moi, tireuse à bière ! Pourquoi tu restes silencieuse ? Pourquoi moi ?... » Vous avez compris. J'ai fait marcher la garantie et un de mes potes a pris sa machine, on a passé un super jour de l'an, fin de l'histoire. En revanche, j'ai décidé de donner un sens à ce qui venait de se passer et, depuis que je l'ai fait réparer, je la débranche entre deux soirées...

Chercher du sens est donc bénéfique à notre équilibre, à condition de projeter cette quête dans l'avenir, afin qu'elle nous permette de nous mettre, ou de nous maintenir en mouvement. Toute recherche de sens dans ce qui nous arrive, ou qui nous est arrivé, nous ancre dans un espace-temps figé, accentuant notre état émotionnel et nos pensées négatives liées à la situation que l'on cherche à expliquer. À l'inverse, chercher à donner une direction aux galères que l'on traverse, trouver un moyen de les transcender pour en faire le socle de notre vie future, permet de modifier notre état d'esprit positivement ainsi que toutes les croyances et les émotions qui vont avec. Pour conclure, et reprendre cette phrase maintenant célèbre : « Chaque jour est le premier jour du reste de votre vie », ne l'oubliez jamais.

## Le sens de l'argent

Comment parler de la notion de sens sans aborder notre rapport à l'argent ? L'argent est sûrement un des sujets sur lequel je pourrais parler le plus, tant les croyances, les a priori, les appréhensions, les intentions, les interrogations et d'autres mots finissant par « tion » sont nombreux. Un grand nombre de cultures, philosophies ou idéologies spirituelles considèrent l'argent comme une énergie. Personnellement, j'aime cette idée qu'il n'y a pas de mieux à avoir ou ne pas avoir d'argent, à en dépenser ou à le conserver. Et là aussi, il s'agit d'une question de sens. Il n'y aurait pas de sens à dépenser la moitié de son salaire mensuel dans des paires de chaussures et se plaindre en fin de mois qu'on n'a pas les moyens d'aller voir ce nouveau film qu'on attend depuis des mois. À l'inverse, il y a du sens à économiser pendant plusieurs mois et se priver d'aller au cinéma, si c'est pour se payer cette paire de chaussures collector qu'on attend depuis longtemps. L'argent, c'est une question d'équilibre, et cet équilibre ne repose pas sur la raison, sur les conseils extérieurs ou sur l'impulsion, mais plutôt sur le sens que l'on donne à chaque dépense ou à chaque euro épargné. C'est ironique, d'ailleurs, d'employer le mot épargner pour parler d'une somme d'argent que l'on ne dépense pas. Cela sous-entend indirectement l'idée que l'argent non épargné est donc exécuté, sacrifié, ou au mieux, que conserver son argent revient à s'éviter quelque chose de pénible et douloureux. Je ne sais pas pour vous, mais pour moi, ça n'a pas de sens…

Quoi qu'il en soit, si le rapport à l'argent est différent d'une personne à l'autre et qu'il dépend de notre éducation, de nos expériences de vie, et donc, pour ceux qui ont suivi ce livre dans l'ordre, de nos croyances, cette idée que l'argent est quelque chose de fluide et que la seule règle que l'on peut se fixer est de lui donner un sens, nous permet d'apporter un cadre à la relation que nous entretenons avec lui, indépendamment de tout ce que l'on peut imaginer à son sujet.

Je me souviens, lorsque j'ai vendu ma société, j'ai hésité pendant des semaines à m'acheter un super VTT. C'était le temps du Covid, cette période merveilleuse de notre vie où nous avons fait nos courses habillés comme des apiculteurs revenant de la fashion week, où nous brandissions fièrement notre attestation de droit de sortie, avant de rentrer nous mettre en slip devant la porte d'entrée pour ne pas contaminer l'intérieur. Quelle belle époque ! Tout ça pour vous dire que je n'arrivais pas à me décider. En pesant le pour et le contre, je me rendais bien compte que mes croyances sur l'argent, le fait d'avoir peur d'en manquer, etc., pesaient beaucoup dans la balance. D'un autre côté, à chaque fois que je trouvais un argument validant l'idée de pouvoir l'acheter, je retombais toujours sur un contre-argument : « J'ai quand même travaillé dur pendant des années et je peux me le permettre… Oui, mais on ne sait pas où on va avec ce Covid et vaut mieux que tu gardes ton argent… Et en même temps, il peut t'arriver n'importe quoi demain… Et si jamais il ne t'arrive rien ?… » Ce petit jeu peut durer longtemps ! J'ai donc décidé de changer de perception. Au lieu de focaliser mon argumentation sur les moyens et de percevoir l'argent comme une finalité à dépenser ou à conserver, je me suis interrogé sur ce que cet achat pouvait apporter à mon équilibre de vie : des sorties entre potes, la pratique d'un sport dans de meilleures conditions, une bouffée d'oxygène !

Y a-t-il du sens à dépenser de l'argent pour un objet qui me permettra d'obtenir tout ça ? La réponse paraît évidente. Finalement, je ne regrette pas mon achat et je m'amuse toujours autant avec. Si l'argent représente le but de vos décisions et motivations, vous risquez alors de vous mettre en déséquilibre et vous vous épuiserez à force de lui courir après ou le regarder s'échapper. En décidant de le percevoir comme un moyen d'atteindre des objectifs qui ont du sens, vous apporterez au contraire une plus grande sérénité dans votre perception de ce qu'il représente et vous permet de réaliser.

Tout comme notre cher ami Hervé, vous mesurez avec une plus grande justesse votre besoin de fournir des efforts pour en gagner la manière dont vous souhaitez le dépenser ou les raisons pour lesquelles vous préférez le conserver. C'est peut-être de là que vient l'expression : « L'argent ne fait pas le bonheur », tout comme on pourrait dire : « Une voiture ne fait pas le voyage » ou « L'entraînement ne fait pas le coureur » ou encore « Le camion ne fait pas le pompier »… J'y ajouterais donc modestement un petit complément pour plus d'objectivité : « L'argent ne fait pas le bonheur, mais il peut y contribuer, à condition de lui donner un sens. »

## LE BIAIS COGNITIF QUI A DU SENS…

S'agissant de sens, nos biais cognitifs nous la font souvent à l'envers… Un d'entre eux, en particulier, peut induire nos jugements et nos décisions en erreur lorsqu'il s'agit de donner du sens à ce qui nous arrive ou nous entoure. Vous est-il déjà arrivé de vous dire : « Si j'avais une maison un peu plus grande, je serais sûrement plus heureux. » Ou encore : « Ça doit être le bonheur d'habiter dans le sud de la France avec ce soleil toute l'année. » Et peut-être plus rarement : « Mais quelle belle chevelure insolente, il doit se sentir libre et avoir une grande confiance en lui. » Le coupable à l'origine de ce genre de raccourcis est l'effet de focalisation. En quelques mots, il s'agit d'un biais cognitif qui nous pousse à accorder une importance excessive à un aspect précis de notre vie ou d'une situation, tout en négligeant les autres éléments qui pourraient pourtant avoir un impact significatif. Ce biais est problématique lorsqu'il est relié à la notion de sens, car, plutôt que de prendre en compte l'ensemble des piliers qui apportent du sens à notre vie, il va réduire notre vision à un ou deux domaines, nous faisant croire que notre équilibre tout entier dépend de ces derniers.

Reprenons l'exemple d'Hervé. En accordant au sport une telle importance dans sa vie, il peut se dire : je suis un grand sportif. Ce domaine de vie a du sens et représente un pilier fort de son équilibre. En outre, Hervé est un mari formidable, un père famille drôle et attentionné, un ami fidèle et il fait preuve d'une grande implication dans son travail. Hervé aime aussi jouer du piano, il compose même parfois sur son ordinateur. Le problème, c'est que, chez Hervé, l'effet de focalisation est hyperactif ! Faisant croire à ce dernier que l'intégralité de son équilibre, de son estime de lui-même, repose sur ses capacités sportives. Pour lui, tout le reste représente seulement le quotidien, une sorte de banalité acquise. Mais le sport, c'est ce qui lui permet de donner un sens à sa vie. Qu'arriverait-il à Hervé s'il venait à se blesser ? S'il ne pouvait plus faire de sport ? Sur le moment, il aurait le sentiment que sa vie entière s'effondre, qu'elle n'a plus de sens. Pour traverser cette épreuve, il devrait alors déporter ce sens sur d'autres domaines de sa vie et prendre conscience que le sport ne constituait qu'une partie de son équilibre.

L'effet de focalisation nous donne une vision tronquée de la vie. En concentrant notre attention sur un seul aspect de notre équilibre, il nous fait passer à côté de nombreuses autres sources de satisfaction et de bonheur. Un peu comme si nous portions des œillères, il peut rendre notre quête de sens monotone et faire que tout ce qui échappe à notre domaine de focalisation devient quasiment inexistant. Le danger de ne pas avoir conscience de ce biais, et donc, de reposer l'intégralité de ce qui nous rend heureux sur un seul pilier, est de nous rendre émotionnellement dépendant. Une blessure, un échec professionnel, une rupture, une calvitie... La nature imprévisible de la vie peut faire vaciller ce pilier unique, entraînant parfois des crises existentielles profondes nous obligeant alors à cultiver d'autres sources de sens pour nous en sortir. Un autre piège lié à l'effet de focalisation, est qu'il peut alimenter en nous une insatisfaction chronique, nous poussant toujours à repousser nos objectifs plutôt que de nous satisfaire du chemin parcouru, de la situation présente ou de profiter des petites victoires quotidiennes.

Hervé s'est entraîné dur et vient de passer pour la première fois sous la barre des 50 minutes aux 10 km. Il s'agit déjà d'un exploit que beaucoup de coureurs ne parviennent pas à atteindre. Pourtant, il vise déjà les 45 minutes et n'arrive pas à se réjouir du résultat lié à tous les efforts déjà fournis. Bim, une occasion loupée de se sentir heureux. Josianne a la chance de vivre dans une belle maison au centre de la France. Elle adore la photo animalière qu'elle ne pratique pourtant que lorsqu'elle va à la montagne. Elle a beau vivre au milieu des arbres et des champs entourée par une grande variété d'espèces animales, elle reste persuadée qu'elle ne peut faire de la photo animalière qu'à la montagne. Mais Josianne, tu fais quoi de la famille de chevreuils qui vient piétiner ton jardin tous les matins ? Des renards qui chassent dans le champ d'à côté ? Ou des blaireaux qui hurlent à deux heures du matin en revenant du centre-ville ? (OK, là tu as raison, Josianne, on ne parle pas de photo animalière...).

Si vous vous reconnaissez un peu en Hervé ou en Josianne, voici quelques techniques pour contrer ce biais cognitif qui peut vous empêcher de vous sentir heureux.

1. Élaborer un « tableau de vie » équilibré. L'une des meilleures manières de contrer l'effet de focalisation est de visualiser sa vie comme un ensemble de domaines interdépendants : travail, famille, amis, passions, santé, spiritualité, etc. Prenez le temps de réfléchir à chacun de ces domaines et à leur importance dans votre quête de sens. L'idée est de ne pas tout miser sur un seul domaine, mais de construire un équilibre en diversifiant vos sources de satisfaction.
2. Pratiquer la gratitude... élargie. La gratitude est un antidote puissant contre l'effet de focalisation. Mais attention, il ne s'agit pas de pratiquer une gratitude ciblée sur un seul domaine et de la répéter chaque matin en vous regardant dans le miroir de votre salle de bains, ou en brûlant un bâtonner de Palo Santo avant de vous coucher – « Merci pour cette chevelure soyeuse » –, il s'agit d'une gratitude plus large, présente à des moments spécifiques et diversifiés dans votre quotidien : un bon repas, une conversation agréable, une bonne séance de sport, votre café ou thé du matin, un rendez-vous chez le coiffeur...
3. Développer la pleine conscience. L'effet de focalisation nous pousse à nous perdre dans nos pensées et à exagérer l'importance d'un seul aspect de notre existence. La pleine conscience, en nous ramenant au moment présent, permet de prendre du recul et de voir la situation dans son ensemble. Cela aide à relativiser l'importance d'un problème ou d'un objectif et à apprécier ce qui se passe ici et maintenant (sauf si vous pratiquez la pleine conscience pendant un examen de la prostate, mieux vaut éviter le « ici et maintenant »).
4. Diversifier vos objectifs. Une autre stratégie consiste à diversifier vos objectifs personnels. Si vous avez un objectif majeur dans le domaine professionnel, essayez de vous fixer des objectifs secondaires dans d'autres domaines (comme apprendre un nouvel instrument de musique, passer du temps avec vos proches, ou améliorer votre condition physique). Cette diversification réduit le risque de dépendance excessive à un seul domaine et augmente votre résilience face aux imprévus.

## Le sens de l'ombre et de la lumière

Valérie est une entrepreneuse sensible et bienveillante. Elle aime sincèrement les gens et ses collaborateurs. Elle ne supporte pas l'idée que l'un d'entre eux puisse avoir des problèmes. Tous les matins, lorsqu'elle arrive dans son entreprise, elle prend le temps d'aller les saluer, un par un, de prendre de leurs nouvelles. Elle leur demande comment ils vont, comment vont leurs enfants. Elle prend même le temps de discuter avec eux de leurs problèmes personnels. Du point de vue de Valérie, il est tout à fait normal de faire ce qu'elle fait, s'intéresser à ses salariés est une manière de leur montrer qu'elle est à leur écoute et qu'elle est là pour les aider. Le problème, c'est que, malgré toute sa bonne volonté et ses bonnes intentions, Valérie n'arrive pas à créer du lien avec certains de ses collaborateurs. Il arrive même qu'elle ait le sentiment que ces derniers la fuient dès qu'ils l'aperçoivent. Valérie en souffre et ne comprend pas pourquoi, alors qu'elle fait preuve de bienveillance, certaines personnes ne perçoivent pas le côté positif de ses intentions. Pour elle, cela n'a pas de sens. Ce qui se passe, c'est que, si Valérie est à l'aise avec le fait de partager sa vie, ses échecs, ses vulnérabilités et ses problèmes, ce n'est pas le cas de tout le monde. Et lorsqu'elle fait son petit tour matinal, certaines personnes redoutent de devoir se livrer.

Après tout, Valérie est responsable de l'entreprise, pas psychologue, et son interrogatoire du matin, même bien intentionné, est perçu comme une démarche trop intrusive par certains. Car oui, la part d'ombre de la bienveillance, c'est l'intrusion. À trop vouloir aider les gens, à trop chercher à régler leurs problèmes, on en oublie parfois que cette démarche peut être perçue comme intrusive et déplacée. Une fois compris, la clé se situe dans la mesure de notre intention par l'autre, et dans une discussion ouverte sur la manière dont il perçoit ce qui nous paraît être, dans ce cas, de la bienveillance. Si Geneviève ne supporte pas que Valérie lui fasse passer un interrogatoire tous les matins sur les problèmes qu'elle a laissés à la maison, elle pourrait lui en parler, et lui expliquer qu'elle préfère ne pas aborder ces sujets avec elle. Valérie, quant à elle, pourrait à son tour éclaircir ses intentions et prendre en compte les besoins de Geneviève, tout en lui expliquant que sa porte reste ouverte en cas de besoin, car une relation se construit à double sens, sinon elle n'a de sens ni pour l'un ni pour l'autre.

## Le sens du bonheur... et de la survie

Le sens, c'est la colonne vertébrale de notre développement personnel, la liane que l'on agrippe lorsque l'on est piégé dans des sables mouvants. Combien d'associations sont nées de la perte d'un enfant ? Combien d'addictions ont été vaincues grâce à l'aide d'anciens dépendants ? Combien de courses parcourues par d'anciens accidentés ? On ne compte plus les témoignages inspirants, racontant avec passion la manière dont le fait d'apporter un sens à ce qui nous arrive nous permet d'aller de l'avant, de développer notre résilience et de retrouver une énergie positive.

Petit rappel de l'épisode précédent pour ceux qui seraient passés un peu vite sur l'introduction de ce bouquin : je vous ai parlé de Viktor Frankl, qui a survécu aux pires horreurs de la Seconde Guerre mondiale (voir plus bas), et pour qui la quête de sens est à nos fondements existentiels ce que respirer, boire ou manger est à nos fondements biologiques : une nécessité nous permettant de survivre. Selon lui, le sens, c'est la lumière qui éclaire les ténèbres, c'est cette petite étincelle qui jaillit miraculeusement, lorsqu'on est perdu, en pleine forêt, plongé dans l'obscurité. Il associe le sens à une sorte de liberté intérieure, représentant le noyau inébranlable de notre raison d'exister.

Savoir s'y connecter, peu importe les événements extérieurs, est une manière de devenir responsable de notre vie, de reprendre le contrôle sur ce que la vie nous impose. À l'inverse, ne pas en avoir connaissance peut entraîner un vide existentiel, se manifestant par une sensation de déracinement ou même une dépression. Dans son livre *Man's Search for Meaning* (*Découvrir un sens à sa vie* en français), publié en 1946, Viktor Frankl décrit son expérience des camps de concentration et explique comment ces événements ont influencé sa réflexion sur le sens de la vie. Il met en avant un élément visible essentiel, allant totalement à l'encontre des croyances collectives habituelles : les personnes capables de survivre n'étaient pas nécessairement les plus fortes physiquement, mais celles qui arrivaient à donner un sens à leur souffrance. Frankl a compris une chose importante dans le lien existant entre notre besoin de survivre et celui d'être heureux. Il montre que notre capacité à nous projeter dans l'avenir en ayant un objectif précis, permettant de transformer les épreuves que nous vivons dans le présent, est cruciale pour garder espoir. Ce processus nous permet de pouvoir ressentir des moments de joie et de bonheur, même dans les pires situations. Vous connaissez sûrement cette expression populaire : l'espoir fait vivre. Elle est souvent employée de manière ironique. Pourtant, l'espoir, lorsqu'il est associé au sens, nous permet bien de traverser les moments difficiles, ou tout simplement de mettre des paillettes dans nos vies quand elles nous semblent un peu tristes. Frankl identifie trois grandes sources de sens. Chacune d'entre elles est un phare qui permet de nous guider, un pilier indestructible qui nous rappelle ce que nous avons été capables de bâtir, un sommet toujours visible que l'on cherche à atteindre :

- L'amour : le lien qui nous unit à une personne ou une cause ;

- La création : l'accomplissement personnel au travers d'un travail, un projet ou une œuvre ;
- La souffrance : choisir de transformer les épreuves et les percevoir comme des opportunités de croissance, indépendamment de la douleur ressentie.

Ces trois sources que nous pouvons facilement identifier ou intégrer dans nos vies, agissent comme des ancrages. Elles nous permettent de nous reconnecter à ce qui a du sens et insuffler instantanément une pensée positive, une émotion agréable, et nous rappeler les raisons pour lesquelles nous sommes habituellement heureux.

Il y a quelques années, j'ai lu *Invincible* de Laura Hillenbrand. Pour les plus flemmards, il a depuis fait l'objet d'une adaptation au cinéma par Angelina Jolie. Le livre raconte l'histoire incroyable de Louis Zamperini, fils d'une famille italienne immigrée aux États-Unis, athlète olympique ayant participé aux jeux Olympiques de Berlin en 1936, puis reconverti en bombardier sur un B-24 durant la guerre. En mai 1943, Louis et deux autres membres de son équipage survivent au crash de leur avion. Pendant 47 jours, ils dérivent sur un radeau de survie au milieu de l'océan Pacifique jusqu'à être capturés par la marine japonaise. Enfermement, torture physique et psychologique, humiliation. Malgré toutes ces épreuves, Louis a survécu. Libéré de ses bourreaux en 1945, il rentre aux États-Unis. S'ensuit un long chemin pour se reconstruire. Atteint de stress post-traumatique, il sombre dans l'alcoolisme. Là aussi, il fait face et s'en sort. Ce qui permet à Louis de garder espoir et de continuer à se battre pour sa survie, c'est sa volonté de retrouver le bonheur, sa détermination à revoir sa famille. Peu importe ce qui pouvait lui arriver, il savait que chaque jour, chaque souffrance, chaque moment de répit le rapprochaient de son objectif. Il savait qu'une fois de retour, il pourrait raconter son histoire. Il était convaincu qu'il était destiné à accomplir quelque chose de plus grand, et que son bonheur futur dépendait de sa survie. En gardant cette conviction en tête, en choisissant de donner un sens à ce qu'il était en train de vivre, Louis a décidé que rien ni personne ne pourrait briser son esprit et que peu importe la situation, il était déjà heureux. Difficile de trouver une conclusion appropriée à un tel sujet.

Si vous deviez retenir une chose importante qui vous permettrait d'intégrer la notion de sens comme un élément indispensable à votre bonheur, ce serait de comprendre que le sens est présent dans tous les aspects de notre vie, et plus particulièrement dans les choses qui nous préoccupent et que nous ne pouvons pas contrôler, ainsi que dans les choses sur lesquelles nous pouvons avoir une influence. S'agissant des premières, le sens, c'est ce que nous souhaitons apporter à ce qui nous arrive ou doit nous arriver et que nous ne pouvons pas maîtriser. Choisir de donner un sens à ce qui nous dépasse, c'est une manière de reprendre la responsabilité de sa vie, en choisissant la manière dont nous souhaitons réagir face à ce qui ne dépend pas de nous et en décidant de quelle manière ces choses seront le moteur de notre avenir. Quant aux choses sur lesquelles nous pouvons avoir une influence : notre environnement, nos relations, nos décisions, etc., les relier à ce qui a du sens pour nous est un moyen de construire son équilibre en étant certain que la vie que nous menons au quotidien est alignée avec nos valeurs et nos objectifs.

Finalement, nous en revenons à cette réflexion sur ce livre. Peut-être qu'une fois terminé, certains se demanderont pourquoi je l'ai écrit. Pourquoi j'ai choisi ces thèmes et pourquoi ils ont été placés dans cet ordre. D'autres encore pourraient se dire que ce livre semble n'avoir aucun sens, et passeraient du temps à chercher à en trouver un. J'aime penser que, si le sens de ce livre m'appartient au moment où je l'écris, par l'intention que je souhaite transmettre et les sujets dont je souhaite parler, une fois publié, le résultat de ce que vous en ferez ne m'appartient plus. C'est donc à vous, maintenant, de décider quel sens vous souhaitez lui donner, et de choisir, de quelle manière il pourrait représenter pour vous le point de départ du prochain jour du reste de votre vie…

## L'outil qui a du sens…

C'est le moment de vous plonger dans le corps d'Hervé, enfin, de vous mettre à sa place. Identifiez une ou plusieurs activités que vous pratiquez régulièrement ou intensément et notez les affirmations suivantes sur une échelle de 1 à 5 (1 étant l'équivalent de « pas du tout » et 5 de « carrément ! »).

- Lorsque j'ai commencé cette activité, j'étais super motivé à l'idée de m'y mettre.
- Après chaque séance, je me sens bien et aligné avec mes valeurs.
- Cette activité me permet d'avoir une meilleure confiance en moi.
- Après chaque séance, j'ai l'impression d'avoir une meilleure estime de moi.
- J'ai le sentiment que, même si cette activité me fatigue sur l'instant, elle me redonne toujours de l'énergie.
- Je sais exactement pourquoi je pratique cette activité et ce qu'elle m'apporte.

Si votre score dépasse les 20 sur 30, il y a de grandes chances pour que cette activité s'inscrive dans ce qui a du sens pour vous et qu'elle contribue à la construction de votre équilibre. Même si parfois vous n'avez pas envie d'y aller, même si elle vous demande de faire des efforts, elle est d'une grande importance pour vous et vaut la peine que vous sortiez de temps en temps de votre zone de confort.

À l'inverse, si votre score est inférieur à 10 sur 30, vous faites sûrement cette activité pour des mauvaises raisons. Vous n'avez certainement pas vraiment réfléchi à la motivation de départ ni à la finalité et il y a de grandes chances pour qu'elle crée dans votre vie un déséquilibre, même si vous êtes persuadé du contraire.

Pour ceux qui ont entre 10 et 20 points, n'étant pas rédacteur du blog sondage-psychologie-àdeuxballes.com, il va falloir vous interroger un peu plus, mais avec tout ce que vous avez dans les mains maintenant, je ne suis pas inquiet pour vous. Si le fait de questionner nos habitudes pour savoir si elles pointent bien dans le bon sens est d'une grande importance, ce que je vous invite d'ailleurs à faire régulièrement afin de ne pas rester figés dans de fausses croyances (voir p. 136). Il en va de même pour nos activités professionnelles.

Nous pourrions écrire une série de livres complets intégrant l'ensemble des professions, leurs avantages, leurs inconvénients et venir directement concurrencer, en termes de volume, l'intégralité des éditions collector de l'Encyclopédie Universalis, mais je ne suis pas sûr que ce soit judicieux. Je vais donc prendre un exemple bien précis qui, je l'espère, vous permettra de vous interroger.

Il m'arrive de recevoir des pompiers en séance. La raison de leur consultation est quasiment toujours la même : burn-out ou dépression à 35-40 ans. Ajoutez à cela, une bonne dose de culpabilité et d'incompréhension. Là aussi, le problème est lié à une question de sens, pourtant, chacun d'entre eux est persuadé de savoir pourquoi il fait ce métier. Mais il existe une petite subtilité à l'origine de leur mal-être, et de cette petite nuance, ces personnes en prennent conscience après seulement trois questions :

- Question 1 : Pouvez-vous me donner la raison pour laquelle vous avez choisi d'exercer ce métier ?

Leur réponse : Parce que j'aime aider les gens (au présent) et je voulais sauver des vies (au passé).

- Question 2 : Vous pourriez me dire combien de vies vous avez sauvées jusqu'à aujourd'hui ?

Leur réponse (variable mais toujours très précise) : Je me rappelle très bien, je me souviens de toutes, ça m'a marqué : 5 (par exemple).

- Question 3 (volontairement brutale) : Vous pouvez maintenant me dire combien de corps vous avez ramassés au bord de la route.

Généralement cette dernière question déclenche un grand blanc. Elle fige l'état d'esprit, qui est en train de prendre conscience de quelque chose d'important. Lorsque la personne s'est engagée comme pompier, le sens vers lequel elle souhaitait aller était de se rendre utile, d'être altruiste, d'éteindre des feux et de sauver des vies. Elle projetait ce métier comme un idéal parfaitement aligné avec ses valeurs. Exercer ce métier avait alors du sens. Au fil des années, l'idéal a fait place à la réalité, bien plus dure et beaucoup plus éloignée des valeurs de la personne qui s'y est engagée. Non pas qu'elle fasse quelque chose de mal, mais le ratio qu'elle avait imaginé s'est totalement inversé : pour 1 vie sauvée, elle ne peut rien faire pour 5 autres. Après 15 ou 20 ans en mode automatique, cela n'a plus de sens. Elle aime toujours ce que ce métier représente, elle sait toujours l'importance qu'elle a pour la communauté, mais elle ne s'y sent plus à sa place et c'est tout son système de valeurs qu'elle remet en question, ce qui la ronge de l'intérieur et la fait culpabiliser.

Si vous êtes dans ce genre de cas, une approche possible est de pouvoir dissocier la globalité du métier et ce qu'il représente pour vous, des valeurs précises pour lesquelles vous avez souhaité l'exercer.

Vous pouvez vous poser ces quelques questions :

- Que représentait ce métier pour moi quand j'ai commencé ? (Ex. : sauver des vies, aider les gens, porter un uniforme…)
- Quelles sont les valeurs, importantes pour moi, que je retrouve encore dans ce métier aujourd'hui ? (Ex. : l'entraide, la discipline, l'altruisme, la transmission…)
- Quels sont les éléments de ce métier qui n'ont plus de sens pour moi ? (Il me stresse beaucoup, les heures de nuit, la confrontation avec la mort…)
- Existe-t-il d'autres métiers dans lesquels je retrouve les mêmes valeurs et qui semblent avoir plus de sens pour la personne que je suis aujourd'hui ? (Ex. : formateur, éducateur…)

Cet exercice vous permettra d'identifier avec plus de justesse ce que votre métier représente pour vous, ce qu'il vous apporte en termes d'équilibre et ce qu'il vous enlève également. Vous pourrez alors prendre des décisions qui vont dans le sens de ce qui vous rend heureux en aménageant, par exemple, vos conditions de travail lorsque cela est possible, ou en envisageant de pouvoir changer de voie tout en étant rassuré sur l'idée qu'il existe énormément de manières de faire exister vos valeurs.

À l'inverse, si vous n'envisagez pas de changer de métier, prendre à nouveau conscience de ce qu'il représente pour vous dans sa globalité, c'est lui redonner un sens et pouvoir à nouveau puiser dans cette énergie pour vous redonner assez de motivation pour continuer à l'exercer. Vous pouvez aussi décider que vos valeurs seront mises à contribution d'un autre projet, ayant plus de sens, et que votre travail est uniquement le moyen vous permettant de combler vos besoins de survie et ainsi développer ce projet avec plus de sérénité.

Pour prolonger l'aventure, scannez le QR code ci-dessous :

# Chapitre 7

## L'équilibre

**« Oser, c'est perdre l'équilibre un instant. Ne pas oser, c'est perdre la vie. »**

Soren Kierke gaard

*Février 2022, je suis en pleine bourre ! J'ai 38 ans, mon compte Instagram tourne à plein régime. J'ai découvert les réels avec lesquels je m'éclate. Je suis discipliné, motivé et investi dans tous mes projets professionnels. La société commence à retrouver des couleurs, je ne passe plus mes journées en pyjama et j'ai retrouvé le plaisir d'aller faire des courses sans me décaper les mains à coup de gel hydroalcoolique.Niveau physique, c'est plutôt pas mal. Je n'ai pas le corps de Cristiano Ronaldo ni le compte en banque d'ailleurs, mais je suis en forme et la douceur enivrante d'un printemps imminent me met en joie (dis donc, quelle belle tournure de phrase !). Niveau familial, en revanche, c'est un peu la débandade, ma femme et mes deux plus grands sont malades et en semi-quarantaine chez mes beaux-parents pour l'une et mes parents pour les autres. Le 5 février, je m'apprête donc à passer l'anniversaire de ma fille de 6 ans seul avec elle. Je lui fais la surprise et lui sors le grand jeu : soirée pizza au chandelles, pétales de roses sur la table et costume de princesse pour aller avec ma tenue de soirée. Sur le coup, je me sens invincible, fier comme un coq et ému de voir le bonheur dans les yeux de ma fille. J'ai le sentiment de passer le test Covid haut la main et d'être imperméable à la contamination. Pour être honnête, je prends même le truc un peu à la légère, après tout, autour de moi beaucoup de personnes plus âgées l'ont eu et ça n'a pas bouleversé leur quotidien… Ellipse temporelle… Nous voici une semaine plus tard. Comme tout homme qui se respecte ayant le nez qui coule et mal à la gorge, je ressemble à un zombie dans un film de Zack Snyder : je grogne, je gémis et je râle.*

*Un vrai bonhomme quoi. Je me dis quand même que ça va passer, et qu'une fois que j'aurai retrouvé un peu d'énergie, je repartirai sur la même dynamique. Seulement voilà, tout ne se passe pas comme prévu. Il faut savoir que, depuis tout petit, j'ai des soucis avec mon organe nasal. Je ne supporte pas de ne pas pouvoir respirer par le nez et, pour peu que ce dernier soit bouché, c'est la panique. La pratique intensive du Muay Thai n'arrangeant pas les choses, en limitant ma capacité respiratoire de la narine gauche à environ 20 % d'air et l'autre à un peu plus à peine, en temps normal, respirer par le nez se compare chez moi à un labrador tentant de rentrer dans un trou de lapin, pas génial. Alors, quand ce trou de lapin se rétracte à cause de l'infection au Covid entraînant des complications du type apnée du sommeil, rhinites, RGO et compagnie, c'est la débandade ! En quelques jours, ne dormant presque plus et culpabilisant de la situation, mon état psychologique se dégrade. Je passe d'Iron Man à Patrick l'étoile de mer, de Végéta (rapport à ma calvitie naissante en forme de V de l'époque) à Krilin (les fans comprendront…), le master papa se transforme en mister marmelade et je me supporte de moins en moins. Une nuit, à 1 heure du matin, alors que je suis seul à la maison avec les enfants, je me réveille en sursaut, ayant la sensation de ne plus pouvoir respirer. J'essaie de garder mon calme, sachant que je peux respirer par la bouche, mais mon cerveau s'emballe et le manque d'air déclenche une crise de panique. J'ai des idées noires, des pensées qui « ne m'appartiennent pas » et je ne sais pas quoi faire. La nuit me paraît interminable. Je sors, je marche dans le jardin pour tenter d'apaiser les choses, mais rien à faire. Je finis par une nuit blanche, assis sur le canapé devant la télé. Cette nuit, à la fois interminable et pourtant si courte dans ma vie, va me marquer pour très longtemps, autant physiquement que mentalement.*

*Une fois de plus, je viens de me confronter à ma vulnérabilité, et tout aussi ridicule que cela puisse être aujourd'hui, à la peur de mourir. Les mois suivants, je décide de reprendre les choses en main, je me fais opérer de la cloison nasale en novembre 2022, et reste plusieurs semaines sans pouvoir respirer par le nez. Si on peut facilement relativiser sur le fait que l'on peut respirer consciemment par la bouche la journée, la nuit, ce n'est pas la même limonade. Sans parler des petites nécessités quotidiennes, comme boire ou manger. Essayez de boire en vous bouchant le nez et imaginez être obligé de faire ça pendant des semaines… Y a sûrement un jeu familial à inventer pour les fêtes de fin d'année. L'important à retenir, c'est que, si l'opération s'est bien passée, je n'avais pas anticipé l'impact de l'après. À ce moment-là, tout ce qui semblait représenter mon équilibre a volé en éclat. Mon estime de moi en a pris un coup, passant de « je suis capable de tout » à « je ne suis bon à rien », et moi qui aurais eu le mental pour gravir le mont Blanc sur un coup de tête en partant un matin à 10 heures et prévoyant de déjeuner en haut, je ne suis même pas foutu de grimper les escaliers de ma terrasse sans avoir mal à la hanche. Heureusement, je sais une chose : si mon mental part en cacahuète, si mes muscles semblent avoir succombé à la loi de la pesanteur, et si la crise de la quarantaine paraît être un peu en avance sur son planning, il y a une chose sur laquelle je peux avoir une influence pour me remettre en mouvement et retrouver ma dynamique, ce sont mes comportements.*

*À ce stade, vous aurez peut-être fait le lien avec le début du voyage et le thème du héros, puisque la suite de cette histoire est celle du début. Certains penseront que tout était calculé, d'autres que j'ai mis tellement de temps à écrire ce livre que je ne me souvenais plus du début… La réponse restera dans les grandes questions inexpliquées de l'histoire. Quoi qu'il en soit, j'ai perdu l'équilibre. J'ai été contraint de reprendre une grande partie de ce qui me semblait acquis, de repenser mes priorités. Cette « pause » forcée aux airs de séjour en prison m'a permis de prendre du recul. Je me suis rendu compte de la fragilité de mon équilibre et que ce dernier ne pouvait pas reposer uniquement sur ce qui semblait être mon quotidien ou mes activités. J'ai pris le temps d'être à l'écoute, d'essayer de mettre en place de nouvelles choses, d'en accentuer d'autres ou d'en diminuer. En m'interdisant de trop réfléchir, n'en étant pas vraiment capable à ce moment-là, j'ai juste agi et observé. Comme dirait ma femme : « C'est en faisant qu'on sait. » J'ai fait, et j'ai su. J'ai constaté que mon équilibre était composé de deux catégories différentes. La première correspond à 80 % au contenu des émissions de* E=M6 *: une alimentation saine, le repos et la méditation, l'activité physique régulière, le partage et les rencontres. D'une certaine manière, ces quatre éléments représentent clairement des piliers solides de mon équilibre. Lorsque l'un d'entre eux vient à flancher quelques jours à la suite, je le ressens immédiatement, physiquement et psychologiquement. L'autre catégorie est bien plus personnelle et le constat pourrait vous surprendre. Mon équilibre repose sur… le déséquilibre !*

*Tout aussi épuisant que cela puisse être, j'aime bien quand la mer est agitée. La course à pied sur route plate et dégagée, ce n'est pas trop mon délire. J'aime les chemins accidentés, les parcours impossibles. J'aime m'y prendre à la dernière minute, me mettre un coup de pression à quelques heures d'une* deadline. *Toutes les méthodes organisationnelles, que je connais parfaitement, n'y changeraient rien, je fonctionne comme ça. Mon équilibre est irrégulier, composé de périodes hyper productives, euphorisantes et stimulantes, et d'autres périodes de calme plat, d'introspection profonde durant lesquelles je n'ai parfois plus envie de faire d'efforts. J'aurais pu consulter, on m'aurait sûrement trouvé un trouble à coller sur ce mécanisme, mais je préfère me dire qu'il s'agit de mon équilibre et que c'est à moi d'organiser ma vie autour de ce ça. Le grand paradoxe, c'est que d'un côté, mon équilibre a besoin de sécurité, de régularité, de discipline. Et de l'autre, c'est l'anarchie. Un peu comme si mon corps me disait : « T'inquiète, tant que tu manges bien, que tu dors bien, que tu as une vie sociale, et que ton corps est en mouvement, tu peux y aller* a cappella *sur le reste, c'est OK ! Je t'y encourage même, après tout, c'est dans l'improvisation que naissent les plus belles découvertes. Fais-toi plaisir ! » C'est en tout cas comme ça que je ressens les choses. Tant que je comble mes besoins de survie et que mes actions ont du sens, je trouve mon bonheur dans la découverte, l'exploration, l'improvisation, la procrastination, à condition de rester à l'écoute de mon énergie disponible, et d'accepter que mon petit corps trapu et vif, associé à mon mental de compétiteur, est bien plus adapté aux sports explosifs qu'aux marathons.*

## L'équilibre du héros

S'il y a bien une caractéristique commune à tous les héros que nous connaissons, c'est que leur équilibre est totalement différent. Qu'il s'agisse de nos vieux superhéros ou des influenceurs d'aujourd'hui, chacun a sa routine, ses propres trucs et astuces qui paraissent lui réussir et qui, parfois, nous donnent un faux sentiment de « C'est ça que je dois faire ». Pour moi qui ai grandi dans les années 1990, ce n'était pas bien compliqué. Je rêvais de construire mon équilibre de jeune ado boutonneux à coups de poster de Jean-Claude Vandamme, d'entraînement à la Son Goku, avalant les boîtes de thon comme des paquets de bonbons, pour ne pas manquer de protéines. J'ai baigné dans la culture de l'extrême, mais pour autant, cet extrême était plus ou moins cadré dans certains domaines de ma vie. Mis à part le sport, mon évolution personnelle, c'était la définition même de l'inconstance, passant des cheveux teints en roux aux cheveux teints en blond (je comprends peut-être pourquoi mes cheveux se sont fait la malle…). L'expérience a façonné mon identité et c'est en « me cherchant » comme disaient les adultes de l'époque, que j'ai finalement réussi à comprendre une chose importante : je ne me trouverai jamais. Idée finalement assez rassurante puisqu'elle me permet de vieillir en gardant l'envie d'apprendre et le besoin d'explorer.

Le problème à notre époque, c'est que les modèles durables d'antan ont laissé place aux étoiles filantes, et qu'Internet a démultiplié nos sources d'information. Sur la même journée, on peut tomber sur un Instagrameur à plus de 100 k abonnés nous expliquant comment, en passant notre genou gauche par-dessus notre épaule droite tous les matins, on peut gagner en souplesse et en longévité, à un autre qui nous conseille d'avaler de la spiruline en poudre pour gagner un an d'espérance de vie, sans parler de toutes les injonctions que l'on rencontre. Notre équilibre ne repose plus sur l'écoute de nos propres besoins, mais sur un ensemble d'éléments appartenant aux personnes que l'on admire ou que l'on imagine légitimes. Nous connaissons plus ou moins les bases et les choses essentielles, mais nous les abordons souvent avec une mauvaise connaissance et un manque d'objectivité quant aux résultats qu'elles nous apportent. Pourtant, tout n'est pas à jeter sur les réseaux sociaux, bien au contraire. La plupart des conseils sont même plutôt bons ou, tout du moins, pleins de bon sens. Mais de là à les percevoir comme des vérités utiles à notre équilibre, il vaut mieux y aller avec des pincettes.

Construire son équilibre en superposant une multitude de conseils, ce serait comme tenter de cuisiner un plat digne d'un restaurant 3 étoiles, en mélangeant tous les ingrédients pris au hasard dans un supermarché. Indépendamment, chaque aliment serait sûrement très bon, vous pourriez même imaginer en mélanger quelques-uns, mais de là à tous les mettre dans le même Air Fryer et vous attendre à un résultat extraordinaire, nous pouvons en douter. Encore une fois, n'oubliez pas que le héros de votre voyage, c'est vous, et qu'il existe deux manières possibles de construire votre équilibre :

1. En étant à l'écoute de ce qui vous fait du bien et vous rend heureux, et en cherchant les ingrédients par rapport à la recette que vous avez déjà imaginée et validée.

2. En créant des expériences, en goûtant chaque aliment, en les mélangeant sans précipitation, en faisant des erreurs, en revenant en arrière, jusqu'à trouver la recette qui vous convienne.

L'équilibre du héros, c'est un équilibre solitaire, individuel, parfois un peu égoïste. C'est un équilibre qui peut se construire doucement ou dans la précipitation. C'est un équilibre fragile qui puise sa force dans sa capacité à s'adapter. Tout comme vous pouvez tenir un journal de recettes, amusez-vous à créer un journal d'équilibre, notant à l'intérieur toutes les choses qui vous ont permis de vous sentir heureux ou à l'inverse, que vous avez détestées. D'ailleurs, si vous avez compris le principe, vous pourriez ne pas vouloir suivre ce type de journal, il pourrait représenter une contrainte plutôt qu'une bonne idée, mais ça, c'est à vous de voir, en fonction de votre équilibre…

## La peur de perdre l'équilibre

« Tu dois lâcher prise. » Cette phrase résonne sûrement dans votre tête à chaque fois que vous tentez de prendre le contrôle sur une situation qui vous préoccupe ou dès que vous refusez de passer à autre chose. Sur le principe, le conseil est bienveillant et plein de bon sens. Ce qu'il évoque nous paraît évident : « Laisse tomber, passe à autre chose et ça ira beaucoup mieux. » Pourtant, lâcher prise, ce n'est pas si évident ! Une part de nous s'accroche à ce qui nous ronge, tels une moule à son rocher, ou un chien excité à la jambe de son maître, et on a beau se répéter en boucle qu'on doit lâcher l'affaire, notre inconscient a du mal à se faire à l'idée. Imaginons que vous soyez adepte de la grimpette à mains nues, que votre grande passion soit d'escalader des blocs et des parois sans sécurité. Vous êtes à mi-parcours d'El Capitan, une formation rocheuse verticale de 900 m de haut située dans la vallée de Yosemite aux États-Unis, et là vous voilà bloqué. La situation n'est pas à votre avantage, cependant, vous avez réussi à trouver un certain équilibre vous permettant de ne pas trop vous fatiguer. Vous savez que vous ne pouvez pas rester là et que vous devez continuer à grimper, mais vous n'avez pas de solutions. À ce moment-là, vous entendez votre meilleur pote qui, lui, est resté en bas, vous dire avec générosité et amour : « Allez, lance-toi, lâche prise et avance… » Mouais, pas top dans la situation, pas certain que vous acceptiez l'idée et que vous fassiez le grand saut. La raison ? Vous n'avez pas encore trouvé de nouvelle prise à laquelle vous raccrocher, et tout aussi évident que soit ce précieux conseil de lâcher prise, vous avez juste peur, à ce moment précis, de perdre votre équilibre et de tomber.

Lorsqu'on se sent dans l'impasse, face à un mur, imaginant que le bonheur se cache de l'autre côté, nous pouvons avoir le sentiment que l'ensemble de notre équilibre ne nous convient pas, que nous devons tout changer. Pour autant, une grande partie de cet équilibre repose aussi sur des éléments dont nous n'avons peut-être pas conscience : notre sécurité financière, la proximité de notre famille, notre confort quotidien, etc. Si, par exemple, notre job nous impose des difficultés émotionnelles et qu'il devient une source de stress, la perspective de « lâcher prise » se présente alors naturellement, telle une lampe torche dans une maison hantée. Pour autant, notre système de survie intégrant la notion de sécurité et, dans ce cas, la sécurité financière, difficile d'adopter une posture équilibrée et sereine pour passer à autre chose et quitter son job, ou avant d'en arriver là, rentrer de frontal tel un gnou en colère dans les côtes de son manager, ce qui aurait des conséquences compliquées à assumer… Une part de nous a besoin de savoir ce qui nous attend derrière pour pouvoir lâcher prise, et si nous manquons de visibilité, alors il faudra mesurer le risque du saut à l'aveugle avant de se lancer.

Notre équilibre ne dépend donc pas seulement de ce qui nous rend heureux ou nous permet d'avancer, mais également de ce qui nous permet de survivre. Il est important de garder ça en tête, d'accepter que lors des phases de changement, passer d'une prise à une autre, le déséquilibre est une des conditions nécessaires et la peur fait partie de l'équation. Si vous vous retrouvez coincé, un jour, à mi-parcours d'El Capitan, inutile de vouloir lâcher prise à tout prix. Respirez un grand coup, acceptez d'avoir peur, gardez en tête que, quoi qu'il arrive, vous continuerez l'ascension, ne prenez pas de décision extrême, agrippez bien vos prises existantes, prenez votre temps, cherchez une nouvelle prise pour vous assurer et, enfin, lâchez tout. Le temps d'un mouvement, vous aurez le vertige, mais une fois bien agrippé à votre nouvelle prise, l'ancienne sera vite oubliée.

## Croire en l'équilibre

L'équilibre n'est pas qu'une affaire de circonstances extérieures, il dépend avant tout de notre croyance intérieure. Si on le perçoit comme un idéal impossible à atteindre, chaque difficulté rencontrée viendra confirmer cette idée. À l'inverse, croire que l'équilibre est possible devient une source de motivation et de confiance essentielle pour mieux avancer. Croire en l'équilibre, c'est croire en notre capacité à évoluer, à trouver une harmonie entre nos forces et nos vulnérabilités. C'est décider que l'équilibre ne réside pas dans la perfection, mais dans l'acceptation du mouvement, tel un funambule qui avance en oscillant et qui doit constamment adapter sa posture, corriger sa trajectoire et progresser malgré la peur du vide et les rafales de vent. Croire en l'équilibre, c'est accepter ce cheminement, ce balancement incontrôlé et continu vers une meilleure version de soi. Je me souviens de ce conseil précieux lorsque j'ai passé mon permis moto : « Quoi qu'il arrive, reste vigilant, tout en gardant les yeux vers ton point de sortie. » Celles et ceux qui font de la moto le savent bien, à la vue d'un virage un peu serré, cette phrase prend tout son sens ! À l'approche du tournant inévitable, pas question de se demander si la moto va réussir à garder son équilibre, pas question non plus de fixer le virage, car la règle est simple : là où le regard va, la moto va ! Et bien que j'apprécie de temps en temps de câliner un arbre, à plus de 50 km/h, l'étreinte risque d'être douloureuse… Que la courbe soit douce et les conditions idéales, ou qu'elle soit raide et qu'on arrive un peu fort sous la pluie, la chose la plus importante, c'est de focaliser sur le point de sortie, et là, comme par magie, la moto se penche, se tord, semble perdre son équilibre et pourtant, comme dirait mon beau-père : « Ça passe ». D'une certaine manière, lorsque l'on a un objectif en tête et que l'on fait le nécessaire pour l'atteindre, tout comme notre moto, notre équilibre s'adapte. Le principal, c'est de croire en lui, d'être convaincu par sa capacité à se redresser. Si vous traversez une période difficile et que vous pensez qu'il n'y a pas d'issue, que votre équilibre est perdu et que vous ne pourrez pas le retrouver, votre croyance vous enfermera dans un état d'esprit fixe et un climat anxiogène, filtrant vos moindres décisions par la peur de ne pas y arriver et paralysant vos actions. Dans ces moments de doute, où votre confiance en vous semble avoir déserté le front et votre motivation avoir pris la tangente, levez les yeux, fixez un point de sortie, freinez un peu si besoin ou accélérez pour reprendre de la vitesse et, surtout, faites confiance à votre équilibre, il y a de grandes chances pour que « ça passe ».

### Le carnet de l'équilibre

Voilà un petit exercice pour croire en votre équilibre. Tenez un petit carnet (ou une note sur votre smartphone) où vous consignez chaque semaine :

- Une situation, un événement qui a créé un déséquilibre.
- La manière dont vous avez réagi.
- Ce que vous avez appris ou accompli pour vous rééquilibrer.

Relire régulièrement ce carnet vous aidera à constater que vous avez déjà la capacité de retrouver un équilibre, ce qui renforcera naturellement cette croyance.

## L'équilibre intuitif

Dans notre quête d'équilibre, nous avons tendance à nous fier avant tout à la raison et à l'analyse, voire souvent à l'automatisme, tentant d'intégrer dans notre quotidien, les recommandations plus ou moins farfelues dénichées sur la toile. Nous en oublions cette ressource précieuse qui est notre intuition. Cette dernière, souvent reléguée au second plan, joue pourtant un rôle essentiel dans nos décisions et nos ajustements quotidiens. L'équilibre ne se construit pas uniquement en scrollant sur Instagram ou en cogitant pendant des heures, il se ressent aussi. Il passe par une écoute attentive de soi, de ses émotions, de ses signaux corporels et de cette petite voix intérieure qui nous guide parfois sans que l'on sache exactement pourquoi.

**IMPORTANT !**

**Cette même petite voix peut parfois mettre un sacré bordel, faites gaffe quand même à ce qu'elle vous raconte, surtout les soirs de fêtes...**

Comme nous avons pu le voir dans notre thème sur l'intuition, cette dernière est, entre autres perceptions, une forme de connaissance directe, complémentaire à la raison. Là où la pensée rationnelle prend du temps et analyse chaque détail, l'intuition capte rapidement l'essence d'une situation. Si vous avez déjà ressenti un malaise face à une situation sans pouvoir immédiatement l'expliquer, ce ressenti intuitif peut être une alerte subtile envoyée par votre équilibre intérieur, un signe que quelque chose cloche et qu'il serait sûrement judicieux de prendre un peu de temps pour vous questionner avant d'agir ou prendre une décision. Sur le plan psychologique, l'intuition repose largement sur l'intelligence émotionnelle, cette capacité à reconnaître, comprendre et utiliser nos émotions. Ces dernières, même si elles peuvent être désagréables et parfois un peu lourdes à supporter, agissent avant tout comme des indicateurs précieux de notre état d'équilibre. Une montée d'anxiété ou une sensation de malaise face à une situation ou une personne peut signaler un besoin non satisfait ou une incohérence entre ce que l'on souhaite et ce que l'on s'apprête à faire. Apprendre à écouter ces signaux, plutôt que les ignorer ou les pointer du doigt comme la cause de notre mal-être, permet de mieux se comprendre et de réajuster les choses. Si trop se fier à notre raison peut nous couper de nos ressentis, nous appuyer uniquement sur l'instinct peut aussi nous mener à des décisions impulsives et nous mettre en déséquilibre. L'idéal étant d'apprendre à écouter nos intuitions tout en utilisant notre raison pour valider ou affiner nos choix. L'équilibre intuitif, c'est donc cette capacité à ressentir, écouter et ajuster sans chercher à tout « mentaliser ». Cela demande parfois de ralentir, de prêter attention à ce qui se passe en soi, au-delà de bazar extérieur. C'est accepter que notre besoin de comprendre n'est pas toujours compatible avec la nécessité d'avancer.

## Le temps de l'équilibre ou l'équilibre du temps

Le temps est à notre équilibre ce que l'océan est au chalutier. Une vaste étendue dans laquelle on navigue, parfois guidé par un cap précis, d'autre fois en naviguant à vue. Le temps malmène notre équilibre tout en lui permettant d'avancer. Une erreur d'inattention, et le temps peut engloutir notre équilibre, faisant de ce dernier une épave échouée sur une île inconnue. Avoir conscience du temps, savoir l'observer avec justesse nous permet de renforcer notre équilibre et de le faire glisser sans effort dans le sens du vent. Il y a quelques années, lorsque mon équilibre était comparable à la chambre de ma fille un mercredi après-midi, autrement dit : le chaos et l'anarchie, mon thérapeute m'a donné une image très forte de la manière dont notre perception du temps influence nos émotions et notre estime de nous, tordant parfois la réalité de telle manière que notre vie semble s'écrouler, alors qu'au final, on est plutôt sur une pente ascendante. La métaphore est simple : imaginez que votre équilibre soit une action en Bourse. Lorsque vous n'avez pas le moral, que vous tournez en rond, c'est un peu comme si vous n'aviez qu'une vision restreinte, à très court terme, de la valeur de l'action. Si vous n'êtes pas familier avec les outils boursiers, sur les plateformes d'échange, vous avez généralement la possibilité de suivre le cours de l'action en filtrant par périodicité : 10 ans, 1 an, 3 mois, 1 mois, 1 semaine, 1 jour, 1 heure… La règle est simple, si vous capitalisez à long terme, mieux vaut éviter de suivre le cours de l'action en temps réel, sinon, gare aux sueurs froides ! À l'inverse, si vous misez sur le court terme, ne vous amusez pas à laisser traîner, et pensez à faire le point de temps en temps. Pour ramener ça à votre équilibre, si vous traversez une période compliquée, prenez du recul et regardez votre vie dans sa globalité, réévaluez vos objectifs et ayez confiance en l'avenir. Votre équilibre à court terme est peut-être en chute libre, mais en élargissant la courbe, sur les années passées, la tendance est peut-être à la hausse. En revanche, si vous oubliez d'évaluer votre niveau d'équilibre à des moments de votre vie où vous avez besoin de faire des changements importants, attention de ne pas y laisser des plumes. Notre perception du temps modifie donc notre vision de notre équilibre. En ajustant la représentation que nous nous faisons d'une situation difficile et en la projetant dans une temporalité plus longue, nous agissons directement sur nos pensées et notre système de croyances, impactant également de manière positive nos émotions, et donc, nos comportements.

## Le sens de l'équilibre

Dans notre quête d'équilibre, il est tentant de nous focaliser sur l'idée d'un état idéal où tout serait parfaitement aligné. Pourtant, l'équilibre ultime n'est pas celui qui élimine tous les déséquilibres, il est celui qui donne un sens à notre existence. Trouver un équilibre durable, c'est d'abord trouver une cohérence entre nos choix de vie, nos valeurs et nos aspirations profondes. C'est ce sens, propre à chacun d'entre nous, qui fait que notre équilibre ne représente pas un simple but à atteindre, mais qu'il est le fil conducteur de ce que nous souhaitons devenir. Dans cette perspective, l'équilibre ne consiste pas à éviter les difficultés, mais à trouver, dans chaque déséquilibre, une occasion de renforcer notre engagement envers ce qui compte réellement pour nous.

En nous demandant « Pourquoi je fais cela ? » ou « À quoi cela sert-il ? », nous pouvons ajuster nos choix de vie et retrouver un équilibre qui résonne avec notre essence. L'équilibre se relie au sentiment d'accomplissement personnel, cette sensation profonde d'être en phase avec ce que l'on fait et ce que l'on est. Lorsque nos actions sont cohérentes avec nos valeurs, nous ressentons une forme d'harmonie intérieure, même au milieu de l'instabilité extérieure.

À l'inverse, lorsque nous vivons en contradiction avec nos aspirations profondes, un déséquilibre durable peut s'installer, nourrissant stress et insatisfaction, et cela, même si nous mangeons nos cinq fruits et légumes par jour et que notre banquier nous appelle uniquement une fois par an pour nous dire merci et nous souhaiter bonne année. Sur le plan biologique et générationnel, cette quête de sens peut avoir un impact au-delà de notre identité. Donner un sens à notre vie, c'est aussi une manière de rompre avec ces schémas hérités et créer un nouvel équilibre intergénérationnel. Chaque famille transmet des croyances, des récits, parfois des traumatismes qui influencent notre vision du monde et de nous-mêmes. Lorsque nous choisissons de donner un sens différent à notre parcours, nous créons tout d'abord un déséquilibre identitaire, lui-même ouvrant par la suite la voie à un équilibre nouveau, libéré de certaines contraintes du passé. C'est un acte de transmission positive : en trouvant un sens à notre propre vie, nous contribuons à offrir un héritage plus riche et plus serein à ceux qui viendront après nous. Jusqu'à ce qu'ils décident de faire pareil… Finalement, l'équilibre est une quête personnelle, profondément liée au sens que nous donnons à notre existence. Ce sens évolue au fil du temps, au gré des expériences, des rencontres, des difficultés, des erreurs, des réussites, des bonnes surprises et des mauvaises, et aussi au fil des générations. Trouver son équilibre, ce n'est pas seulement se sentir stable dans le moment présent, mais aussi se projeter dans une vie qui nous ressemble. Il ne s'agit pas d'un équilibre parfait, mais d'un équilibre qui fait sens, celui qui nous permet de nous lever chaque matin avec l'envie d'avancer, même lorsque notre avenir paraît précaire. Car, au fond, l'équilibre n'est jamais aussi fort que lorsqu'il est ancré dans quelque chose de plus grand que nous : un projet, une valeur, une raison d'être. C'est cette quête de sens qui nous rend capables de supporter les déséquilibres et de continuer à construire, pas après pas, notre propre chemin.

Pour prolonger l'aventure, scannez le QR code ci-dessous :

# Conclusion

Lorsque j'ai commencé à écrire, j'avais une idée bien précise de la manière dont je voulais construire chaque chapitre. Je souhaitais que le livre s'appuie sur un certain équilibre, justement, une structure figée, identique au fil des sujets. Et puis, je me suis rendu compte que l'idée préconçue que je pouvais avoir ne correspondait pas à ce qui me venait naturellement en tête. J'aurais pu forcer les choses et adapter le contenu au plan d'origine, mais j'aurai manqué d'authenticité, je n'aurai pas pu vous dire l'essentiel, ce qui m'est venu de manière intuitive, instinctive et qui représente, finalement, l'essence des valeurs que je souhaitais vous transmettre. J'ai donc décidé de me raccrocher à cette nouvelle idée, celle de laisser aller les choses, au fil des mots et des pages, me laissant le choix de pouvoir rectifier par la suite. De l'équilibre parfait que je pouvais imaginer est donc né un déséquilibre, une improvisation. Chaque thème a guidé sa structure, a défini son propre rythme. En fin de compte, l'équilibre entier de ce livre repose sur un fil. Un fil rouge, bien entendu. Celui d'un voyage que nous vivons tous. Tout commence par un appel, celui du héros qui est tapi en nous. Cette petite voix qui nous pousse à devenir, ou qui nous précipite face au mur que nous sommes en train de construire. Cette envie, ce ressenti, cette crise ou cette angoisse indéfinissable qui cherchent à nous faire comprendre que nous sommes bien plus que ces choix que nous avons déjà fait, que notre carrière, que nos préoccupations, que nos interrogations… Et qui insistent pour nous rappeler que le bonheur est accessible quand on arrête de se le représenter comme un idéal, et qu'on décide de lui accorder une place plus importante dans notre vie.

Ce livre est donc un voyage. Du début à la fin, il a suivi mes états d'âme, mes émotions. Parfois joyeux, avec l'incommensurable envie de faire des blagues à deux balles et de vous déclencher un sourire. D'autre fois plus mélancolique, car oui, il m'est arrivé d'écrire après avoir passé une sale journée. Ce livre est inégal, du début à la fin, marquant ainsi mon propre apprentissage, ma propre évolution. En voulant vous transmettre, vous m'avez aussi beaucoup appris, malgré vous, et il serait tellement dommage d'essayer de vous le cacher. Ce livre est une exploration, car tout être humain a besoin d'explorer, c'est un fait, une évidence présente en chacun de nous, un élément irréfutable de notre survie en tant qu'espèce. C'est cela même l'enseignement du héros, si la quête est spirituelle, si l'aventure nous rend plus vivants et plus libres, si les expériences nous enrichissent, si l'exploration anime notre besoin de survivre, le bonheur, lui, peut s'affranchir de toutes ces conditions pour exister. Il ne se contente de pas grand-chose, et demande juste qu'on lui accorde de l'attention. Vient ensuite la peur. Car avant de débuter un voyage, notre esprit s'interroge. Il redoute l'inévitable, l'échec impardonnable et l'impossible. Sur le moment, il est pétrifié, figé dans un état d'esprit statique, rejouant les mêmes films, projetant les mêmes images. Le monde lui paraît trop grand, trop dangereux, trop bruyant, trop, trop, trop… Notre esprit a peur de s'aventurer, peur de devoir affronter, peur de perdre ce qu'il a déjà construit et ce qu'il pourrait créer de nouveau. En réalité, il a peur de souffrir. Il craint de ne pas pouvoir survivre à l'inconnu.

Il a besoin qu'on le comprenne, qu'on le rassure. Nous devons le confronter, l'exposer, lui faire accepter sa vulnérabilité. Car chercher à fuir la souffrance, c'est limiter les sources d'accès au(x) bonheur(s). C'est se conforter dans la croyance que la personne que nous sommes est celle que nous souhaitons être, quand tous les signes intérieurs cherchent à nous prouver le contraire. Accepter d'avoir peur, comprendre le rôle que cette dernière peut jouer dans notre aventure, faire la paix avec sa vulnérabilité, c'est déjà, en soi, une première preuve de courage. C'est un guillemet ouvert, un début de paragraphe, l'huile d'olive dans une poêle chaude, la première guirlande du sapin de Noël. C'est le top départ. C'est à ce moment-là que notre équilibre commence à basculer. Le champ des possibles s'élargit. Le monde nous apparaît différent. Nous aimerions savoir qu'il est accessible et qu'un peu de courage suffirait pour partir le découvrir. Nous cherchons alors autour de nous les ressources nécessaires, et c'est dans nos croyances que nous pensons trouver l'essentiel. Ces dernières se présentent à nous comme des évidences, des vérités immuables. Comme les sirènes qui tentent de faire sombrer Ulysse, nos croyances chantent dans notre esprit pour nous détourner de notre voyage. Un épais brouillard envahit alors notre horizon, rempli de nouveaux doutes, de nouvelles peurs, de nouveaux monstres à affronter. Au fur et à mesure, cette brume s'épaissit, réduisant notre visibilité. Notre raison devient de plus en plus floue, notre direction incertaine. Nous devons alors faire preuve de malice. Comme Ulysse, nous devons nous ancrer fermement, nous attacher solidement. Ne plus croire en ce qui nous paraît évident, douter de chaque pensée, remettre en question chaque repère. Nous devons naviguer à l'aveugle, nous laisser guider par notre intuition. Elle saura dissiper le brouillard, nous apporter de nouvelles perceptions, créer de nouvelles opportunités et révéler d'autres destinations. Nous visions les Indes, nous atterrirons peut-être en Amérique, mais qu'importe. Parfois, les routes que nous avions prévu d'emprunter sont plus longues que nous ne l'avions imaginé. Le voyage paraît interminable et, pourtant, nous aimerions parfois qu'il ne s'arrête jamais. Certaines épreuves semblent durer une éternité, et les moments de joie, les expériences transcendantes, celles qui éclairent nos visages semblent, au contraire, filer comme un banc de saumons qui remonte à contre-courant. Nous devons alors changer notre manière d'observer le temps. Nous ne devons plus le considérer comme une condition universelle, comme une marque indélébile, un sens unique qu'on laisse dans notre sillage, un tas de petits cailloux que l'on sème derrière nous. Nous devons l'apprivoiser, en faire un allié, le fragmenter, le saisir et le projeter vers l'avant, pour qu'il devienne cet espace dans lequel on décide de construire le reste de l'aventure. Le temps devient alors notre acolyte. En l'embarquant avec nous, il est notre partenaire de jeux, ou plutôt, notre partenaire de joie. Le temps devient un outil à notre disposition pour mettre en place nos projets, pour déployer nos idées. Il reprend toute son importance et rallonge certains moments qui avaient perdu de leur importance. Le temps n'est plus seulement le grain de sable qui s'écoule dans le sablier, il est la condition nous permettant de faire exister ce qui a du sens. Le sens. Il n'y a pas meilleur mot pour terminer cette conclusion. Le sens est tout ce qui est et tout ce qui n'est pas à la fois. La condition de son existence dépend de notre responsabilité à lui en donner un. Tout comme le bonheur, le sens ne se cherche pas, il se trouve ou se donne. Le chercher, c'est choisir de s'abandonner au voyage, c'est oublier la direction et se laisser malmener par l'imprévu. Le sens nous guide dans notre quête, il fait scintiller nos bonheurs, même les plus poussiéreux. Le sens nous fait rire, il nous élève, nous relève. Il sèche plus vite nos larmes face à l'inacceptable. J'aurais pu appeler ce livre : « Le sens du bonheur », mais il y aurait eu quelque chose d'assez pompeux dans cette idée, une fausse promesse de contenu et un mauvais message à transmettre. Pour moi, cela n'aurait pas de sens…

J'espère que vous aurez compris mon intention, celle de vous permettre de percevoir VOTRE monde différemment. De vous lâcher la grappe de temps en temps, de vous remuer aussi lorsque cela est nécessaire. Il y a cette idée de se dire que le bonheur dépend de nous. Bien sûr, cette perception est séduisante, remplie de promesses et d'espoir. Elle porte un vent de liberté, se détache de l'imprévisible pour rendre le bonheur accessible, dépendant seulement de notre seule volonté. Pourtant, il y a quelque chose de vertigineux aussi à accepter cette idée. Un peu comme si nous étions à la fois messie et bourreau de notre propre équilibre. Une sorte de sentiment oppressant, faisant de nos vies des quêtes obligatoires, où la nécessité d'aventure rend nos zones de confort obsolètes, transformant ces dernières en « no man's land », en zone à risque, en zone de la honte, et oubliant les milliers d'années d'efforts de nos ancêtres qui ont combattu pour nous les offrir. Dire que le bonheur dépend de nous, c'est le rendre vulnérable, dépendant de notre capacité à lui permettre de survivre et exister. Une vision plus juste serait de dire que notre bonheur dépend plutôt de notre capacité à l'observer. Nous serions alors responsable d'en avoir connaissance et de partager notre vie avec lui. Il serait là, présent à chaque instant de notre vie, parfois plus timide et caché, d'autres fois plus démonstratif et enthousiaste. On pourrait le perdre de vue et même ne jamais l'avoir rencontré. On pourrait s'en éloigner, s'en rapprocher, le partager ou se l'approprier. Il serait là, toujours. J'ai une conviction profonde, je ne crois pas au bonheur parce qu'il existe, c'est le fait d'y croire qui le fait exister. Votre bonheur ne dépend donc de rien d'autre que de lui-même, et de ce que vous souhaitez en faire. Il est autant une étincelle qu'un feu de joie(s). Choisir de le cultiver, c'est lui accorder du temps chaque jour, en se forçant à l'observer là où il paraît parfois inexistant.

Dans ce voyage qu'a été l'écriture de ce livre, le bonheur c'est le premier mot déposé à l'écran. C'est l'ordinateur sur les genoux, un samedi soir à 23 heures sur mon canapé. C'est le stress de ne pas être capable de terminer, et cette intuition qui vient tout débloquer. C'est le sourire de ma femme devant une de mes conneries, et l'air dubitatif de mes enfants devant une tournure de phrase dont je suis super fier. C'est le « Merciiiii » de mon éditrice qui vient de recevoir le nouveau thème. C'est mon café tôt le matin en ouvrant le capot de l'ordinateur déjà posé sur la table. C'est les centaines de notes et de recherches qui n'auront finalement servi à rien, et les centaines d'autres qui n'étaient pas prévues qui m'ont permis d'y arriver. Au moment précis où j'écris ces mots, c'est le regard complètement à l'ouest de la peluche que mon chien vient de déglinguer et qui s'est éparpillée partout sur le sol. C'est la vaisselle qui s'est accumulée près du lave-vaisselle que je n'ai pas vidé. Ce sont tous ces moments, peu importe ce qu'ils représentent, auxquels je choisis de donner un sens et qui, au final, constituent mon équilibre. Finalement, le bonheur dépend du regard que vous poserez sur les choses qui vous entourent. Il dépend du sens que vous souhaitez donner à chaque instant de votre vie, à chaque épreuve que vous avez rencontrée. Le bonheur dépend aussi du chemin que vous choisissez de construire, chaque jour, et si vous n'avez pas d'autre choix que de suivre un chemin déjà existant, il dépend alors de votre faculté à donner plus d'importance à ce qui paraît ne pas en avoir. Être bien dans ses pompes, c'est donc un mix de tout ça. C'est croire en la banalité du bonheur, dans ce que cela représente de plus beau. C'est avoir peur, être stressé, anxieux et parfois angoissé. C'est certains jours, ne pas croire en soi, manquer de confiance et faire les mauvais choix. C'est se faire refouler d'une soirée chic à cause d'une paire de basket, et retenter sa chance deux ou trois fois juste pour se marrer. C'est savoir qu'on a besoin du regard des autres pour se sentir bien, tout en choisissant de ne pas se prendre au sérieux devant eux. C'est avoir peur de parler en public, et prendre la parole quand même, même pour dire des bêtises. C'est prôner l'éducation positive et péter un câble quand on a les nerfs à vif. C'est être pote avec une bande de chasseurs, et faire son footing le dimanche matin en chantant très fort pour faire fuir les animaux. Être bien dans ses pompes, c'est s'autoriser à oublier les problèmes, les études psychologiques, les étiquettes. C'est se taper une crise d'angoisse sur son canapé et en rire, parce qu'au final, c'est quand même drôle d'avoir le sentiment de mourir devant la Star Academy (quoique…). C'est douter de soi, c'est décider d'agir avant de se sentir capable. C'est avoir peur de tout et rire d'un rien, n'avoir peur de rien et rire de tout. C'est suivre son intuition, perdre son temps, savoir ne rien faire. C'est prendre du recul, accélérer le mouvement et s'épuiser un temps. Être bien dans ses pompes, c'est dépenser son bonheur sans compter, même quand on pense ne pas en avoir les moyens.

**Être bien dans ses pompes, c'est arrêter de chercher le bonheur, et décider de le trouver.**